Chris Hohlstamm von Dehnen

WENN DU NICHT AUFWACHST, STIRBST DU TOT!

Impressum

© 2024 Chris Hohlstamm von Dehnen zu Wendhausen

Bibliografische Information der Deutschen Nationalbibliothek:
Die Deutsche Nationalbibliothek verzeichnet diese Publikation in der Deutschen Nationalbibliografie; detaillierte bibliografische Daten sind im Internet über http://dnb.dnb.de abrufbar.

Ausgabe: 1. Auflage 12.2024
Lektorat: Dr.-Ing. B. Grabe, Chris Hohlstamm von Dehnen

Korrektorat: Dr.-Ing. B. Grabe, Mein Lebensfreudeverlag

Verlag: BoD · Books on Demand GmbH, In de Tarpen 42, 22848 Norderstedt
Druck: Libri Plureos GmbH, Friedensallee 273, 22763 Hamburg

ISBN: 978-3-7693-0927-0

Inhalt

5

Vorwort

Deine Reise zu einem bewussten Leben – Eine Einladung zum Erwachen

Willkommen auf einer Reise, die dich aus den vertrauten Bahnen des Alltags herausführen und in die Tiefen deines wahren Wesens eintauchen lassen wird. Wenn du dieses Buch in den Händen hältst, hast du vielleicht schon das Gefühl, dass das Leben, so wie du es bisher kennst, nicht die gesamte Wahrheit über dich enthält. Vielleicht gibt es in dir eine leise Ahnung, dass es mehr gibt als nur die Routine des Alltags, die Rollen, die du spielst, und die Erwartungen, die andere an dich haben. Dieses Buch ist eine Einladung, aufzuwachen und dich von den Begrenzungen zu befreien, die dein volles Potenzial zurückhalten.

Wir leben in einer Welt, die uns ununterbrochen ablenkt, die uns immer mehr Dinge verspricht, wenn wir nur „genug" erreichen, „genug" besitzen oder „genug" leisten. Doch das wahre Erwachen hat nichts mit der Erfüllung äußerer Erwartungen zu tun. Es ist ein innerer Ruf, der uns einlädt, die Masken abzulegen und die tiefe Wahrheit über uns selbst zu erfahren.

Die Illusionen des Alltags durchbrechen

Von klein auf werden wir in eine Welt der Illusionen hineingeboren. Wir lernen, dass wir bestimmte Erwartungen erfüllen müssen, um geliebt und anerkannt zu werden. Wir bauen ein Bild von uns selbst auf, das uns sagt, wer wir sind – ein Bild, das von den Werten und Überzeugungen unserer Familie, der Gesellschaft und den Menschen um uns herum geformt wird. Doch dieses Bild ist nicht die Wahrheit. Es ist eine Fassade, ein Konstrukt des Egos, das uns glauben lässt, dass wir abgetrennt von allem und jedem sind.

Das Ego erschafft eine Welt der Trennung, des Mangels und der Konkurrenz. Es erzählt uns, dass wir unvollständig sind und dass wir nur durch äußere Bestätigung wertvoll sind. Doch die Wahrheit ist, dass wir vollkommen und vollständig sind, so wie wir sind. Das wahre Erwachen bedeutet, diese Illusionen zu durchschauen und zu erkennen, dass unser Wert und unser Sein unabhängig von äußeren Bedingungen bestehen.

Eine persönliche Geschichte

Ich erinnere mich daran, wie ich selbst jahrelang in diesen Illusionen gefangen war. Mein Leben drehte sich um das Streben nach Anerkennung und Erfolg. Ich war überzeugt, dass mein Selbstwert davon abhing, was ich leistete und wie viel ich erreichte. Doch trotz all meiner Anstrengungen fühlte ich mich innerlich leer. Es war, als ob ich mich in einem Hamsterrad befand, in dem ich immer weiter rannte, ohne jemals anzukommen. Eines Tages, erschöpft und frustriert, stellte ich mir die Frage: „Wer bin ich wirklich, wenn ich all diese Rollen und Erwartungen loslasse?" Diese Frage führte mich auf eine Reise der Selbstentdeckung, die mich tief ins Innere führte und mich dazu brachte, die Illusionen des Egos zu hinterfragen.

Das Erwachen beginnt oft mit solchen Momenten des Zweifelns und Fragens. Es ist ein Funke der Erkenntnis, dass es mehr gibt, als das Auge sehen kann, dass die Wahrheit über uns tiefer liegt als die Oberfläche unseres täglichen Lebens.

Die Verantwortung für dein Leben übernehmen

Erwachen bedeutet, die volle Verantwortung für dein Leben zu übernehmen. Es bedeutet, nicht mehr auf die äußeren Umstände zu schauen und andere für dein Glück oder Unglück verantwortlich zu machen. Es bedeutet, dich selbst und die Macht, die in dir liegt, zu erkennen und zu akzeptieren, dass du die Fähigkeit hast, dein Leben bewusst zu gestalten.

Viele Menschen leben in einem Zustand der Opferhaltung. Sie glauben, dass sie den Umständen ausgeliefert sind, dass das Leben ihnen widerfährt und dass sie keine Kontrolle über ihr Schicksal haben. Doch das ist eine der größten Illusionen, die das Ego erschafft. In Wahrheit bist du der Schöpfer deines Lebens, und jede Entscheidung, die du triffst – ob bewusst oder unbewusst – formt deine Realität.

Fallbeispiel

Ein Klient von mir, Markus, war viele Jahre lang in einem ungeliebten Job gefangen und fühlte sich ständig gestresst und unzufrieden. Er hatte das Gefühl, dass er keine Wahl hatte, weil er auf das Gehalt angewiesen war und sich verpflichtet fühlte, die Erwartungen seiner Familie zu erfüllen. Doch durch unsere gemeinsame Arbeit erkannte er, dass er die Macht hatte, sein Leben zu verändern. Er begann, seine wahren Wünsche zu erforschen und entdeckte, dass seine Leidenschaft eigentlich im kreativen Bereich lag. Nach und nach machte er kleine Schritte, um seine Leidenschaft in seinen Alltag zu integrieren, bis er schließlich den Mut fand, seinen Job zu wechseln und seiner Berufung zu folgen. Dieser Schritt gab ihm ein tiefes Gefühl von Erfüllung und Freiheit, dass er zuvor nie gekannt hatte.

Die Verantwortung für dein Leben zu übernehmen bedeutet, deine inneren Wünsche und Träume ernst zu nehmen und die Entscheidungen zu treffen, die im Einklang mit deinem wahren Selbst stehen. Es erfordert Mut, doch es ist der erste Schritt, um ein bewusstes und authentisches Leben zu führen.

Die Kraft der Präsenz: Den Moment im Hier und Jetzt erfahren

Das Erwachen zum bewussten Leben führt uns in die Präsenz des gegenwärtigen Moments. Im Hier und Jetzt liegt die wahre Kraft des Lebens. Doch die meisten Menschen sind entweder in der Vergangenheit oder in der Zukunft gefangen. Sie denken über vergangene Fehler nach oder sorgen sich um die Zukunft. Diese Gedankenspiralen halten uns davon ab, die Schönheit und die Tiefe des gegenwärtigen Augenblicks zu erfahren.

Präsenz bedeutet, sich vollständig dem Moment hinzugeben, ohne an Vergangenes zu denken oder Zukünftiges zu planen. Es bedeutet, den Moment in seiner Fülle zu erleben und die Verbindung zu allem, was ist, zu spüren.

Eine persönliche Geschichte

In einer besonders herausfordernden Zeit meines Lebens, als ich mich ständig gestresst und überfordert fühlte, begann ich, jeden Morgen ein paar Minuten einfach nur still zu sitzen und den Moment zu erleben. Ich spürte die Luft, hörte die Vögel singen und nahm die kleinen Details um mich herum wahr. Diese einfache Praxis half mir, in einen Zustand der Präsenz zu kommen und die Verbindung zum Leben wieder zu spüren. Diese Momente der Präsenz gaben mir Ruhe und Klarheit und erinnerten mich daran, dass das Leben im Hier und Jetzt stattfindet – nicht in meinen Gedanken über die Vergangenheit oder Zukunft.

Übung

Eine einfache Übung, um Präsenz zu erfahren, besteht darin, dich auf deinen Atem zu konzentrieren. Setze dich an einen ruhigen Ort, schließe die Augen und atme tief ein und aus. Spüre, wie der Atem in deinen Körper strömt und wieder hinausfließt. Wenn Gedanken auftauchen, lasse sie einfach los und kehre zum Atem zurück. Diese Übung hilft dir, den Moment bewusst zu erleben und die Kraft der Präsenz zu erfahren.

Die Illusionen des Egos durchschauen

Das Ego erschafft eine Vielzahl von Illusionen, die uns davon abhalten, unser wahres Selbst zu erkennen. Es lässt uns glauben, dass wir unser Wert auf Leistung und Erfolg basiert, dass wir mit anderen konkurrieren müssen, um wertvoll zu sein, und dass unser Glück von äußeren Umständen abhängt. Diese Illusionen führen oft zu Angst, Stress und Unzufriedenheit, weil sie uns in einem Zustand des Mangels und der Trennung halten.

Doch die Wahrheit ist, dass wir alle eins sind und dass unser Wert unabhängig von äußeren Erfolgen besteht. Das Ego ist eine Art Schutzmechanismus, der uns helfen soll, in der Welt zurechtzukommen, doch wenn wir uns zu sehr mit dem Ego identifizieren, verlieren wir den Kontakt zu unserem wahren Selbst und zur Essenz des Lebens.

Fallbeispiel

Ein Klient, Maria, war eine erfolgreiche Geschäftsfrau, die jahrelang ihr Selbstwertgefühl aus ihrer Karriere zog. Doch als sie plötzlich mit einem gesundheitlichen Rückschlag konfrontiert wurde und ihre Karriere eine Pause machen musste, fiel sie in ein tiefes Loch. Sie erkannte, dass ihr Ego ihre Identität ausschließlich auf ihren Erfolg im Beruf aufgebaut hatte und dass sie sich selbst nicht mehr kannte. Durch unsere gemeinsame Arbeit begann sie, ihr wahres Selbst zu erforschen und die Illusionen des Egos zu durchschauen. Dieser Prozess half ihr, ein tieferes Gefühl von innerem Frieden zu finden, das unabhängig von äußeren Erfolgen war.

Übung

Um die Illusionen des Egos zu durchschauen, kannst du dir folgende Frage stellen: „Was bleibt von mir übrig, wenn ich alle meine Rollen und Leistungen loslasse?" Schreibe deine Gedanken dazu auf und frage dich, was dein wahrer Kern ist, jenseits aller Rollen, die du im Leben spielst. Diese Übung hilft dir, dich mit deinem wahren Selbst zu verbinden und die Illusionen des Egos zu hinterfragen.

Die Entscheidung für ein bewusstes Leben

Das Erwachen zum bewussten Leben ist eine Entscheidung, die du immer wieder neu treffen musst. Es bedeutet, jeden Tag aufs Neue bewusst zu wählen, ob du den Weg des Bewusstseins oder des Autopiloten gehen möchtest. Es bedeutet, dich immer wieder an das Wesentliche zu erinnern und deine wahre Natur zu erkennen.

Ein bewusstes Leben ist kein Zustand, den du einmal erreichst und dann für immer behältst. Es ist eine fortlaufende Praxis, die dich immer wieder in den Moment zurückführt und dich daran erinnert, wer du wirklich bist. Diese Entscheidung erfordert Mut, weil sie dich dazu auffordert, dich deinen Ängsten und Illusionen zu stellen und die Wahrheit zu akzeptieren, selbst wenn sie unbequem ist.

Reflexion

Frage dich: „Bin ich bereit, die Verantwortung für mein Leben zu übernehmen und die Illusionen des Egos zu durchschauen?" Diese Reflexion ist der erste Schritt, um dich für ein bewusstes Leben zu entscheiden und das Erwachen zu erfahren.

Eine Einladung zum Erwachen

Dieses Buch ist mehr als nur eine Sammlung von Gedanken und Übungen. Es ist eine Einladung, das Leben neu zu sehen, die Masken des Egos abzulegen und das volle Potenzial deines wahren Selbst zu erkennen. Es wird dich dazu ermutigen, die Illusionen des Alltags zu durchschauen und eine tiefere Verbindung zu deinem Inneren zu finden.

Das Erwachen ist eine Reise, die Mut und Offenheit erfordert, aber sie ist auch die aufregendste und lohnendste Reise, die du jemals antreten wirst. Sie führt dich in eine Welt der Fülle, der

Liebe und der Wahrheit, die jenseits der Illusionen des Egos liegt. Wenn du bereit bist, dich auf diese Reise einzulassen, wird das Buch dein Begleiter sein und dir Werkzeuge an die Hand geben, um die Herausforderungen des Erwachens zu meistern.

Schlussgedanke: Bist du bereit, die Welt mit neuen Augen

zu sehen und das Leben in seiner vollen Tiefe und Schönheit zu erfahren? Wenn ja, dann lade ich dich ein, das Erwachen zum bewussten Leben zu entdecken und die Wahrheit über dich selbst zu erfahren. Möge diese Reise dir die Kraft geben, dein Leben mit Klarheit, Liebe und innerem Frieden zu gestalten.

Kapitel 1: Das Erwachen zum bewussten Leben – Ein erster Schritt

Was bedeutet „Erwachen"?

Das Erwachen zum bewussten Leben ist eine transformative Erfahrung, die uns aus dem Modus des „Autopiloten" herausholt und uns in eine tiefe Verbindung mit unserem wahren Selbst bringt. Es ist der Moment, in dem wir erkennen, dass wir mehr sind als nur unsere Gedanken, unser Job oder unsere gesellschaftlichen Rollen. Erwachen bedeutet, dass wir uns unserer Existenz als Wesen bewusst werden, die tief verbunden mit dem Leben und allen Lebewesen sind.

Eine persönliche Geschichte

Mein Moment des Erwachens - Vor einigen Jahren durchlebte ich eine Lebensphase, die geprägt war von Stress und einem unaufhörlichen Streben nach Erfolg. Mein Kalender war voller Verpflichtungen, meine Gedanken drehten sich unaufhörlich um Aufgaben und Ziele, und die Erfüllung schien mir ständig zu entgleiten. Eines Abends, als ich völlig erschöpft und emotional ausgelaugt auf meinem Sofa saß, überkam mich eine Frage: „Ist das wirklich alles?"

Dieser Gedanke ließ mich nicht los. In dieser Nacht entschied ich, mir morgens etwas Zeit zu nehmen, um einfach still zu sein. Ich saß mit einem Tee auf meinem Balkon und beobachtete den

Sonnenaufgang – ohne Pläne, ohne Gedanken an den Tag. Zum ersten Mal seit Jahren war ich wirklich präsent, verbunden mit dem Moment und mir selbst. Dieser Augenblick war wie ein Erwachen für mich. Ich erkannte, dass das wahre Leben nicht in Zielen und Erfolgen, sondern im Erleben des gegenwärtigen Moments liegt. Dieser Moment der Klarheit legte den Grundstein für meine Reise zum bewussten Leben.

Reflexion

Erinnere dich an einen Moment - in deinem Leben, in dem du dich vollkommen lebendig und präsent gefühlt hast. Was machte diesen Moment so besonders? Diese Reflexion hilft dir, den Wert der Präsenz zu erkennen und bewusste, lebendige Momente in dein Leben zu integrieren.

Das Leben im Autopiloten-Modus: Die Falle des Alltags

Viele Menschen leben ihr Leben im Autopiloten-Modus. Sie folgen festen Routinen und denken, planen und handeln, ohne wirklich präsent zu sein. Im Autopiloten-Modus erleben wir das Leben aus einer distanzierten Perspektive, und oft verpassen wir dadurch die Schönheit und die Chancen, die jeder Moment bietet.

Fallbeispiel

Das Leben von Lisa – Eine Mutter im Autopilot-Modus

Eine meiner Klientinnen, Lisa, ist Mutter von zwei Kindern und arbeitet in einem stressigen Job. Sie kam zu mir, weil sie sich erschöpft und unerfüllt fühlte, obwohl sie „alles" hatte – Familie, Beruf und ein schönes Zuhause. Lisa beschrieb ihren Alltag als eine Art „Hamsterrad", in dem sie ständig am Rennen war, um alles zu schaffen.

Durch gezielte Reflexion und Übungen erkannte Lisa, dass sie im Autopiloten-Modus lebte. Sie war zwar physisch anwesend, aber ihre Gedanken drehten sich oft um die nächste Aufgabe. Sie bemerkte, dass sie kaum noch Freude am Leben empfand und oft auf „Funktionieren" geschaltet hatte, ohne das Leben wirklich zu erleben. Gemeinsam arbeiteten wir daran, bewusste Momente in ihren Alltag zu integrieren, indem sie sich regelmäßig kleine Pausen gönnte, in denen sie präsent und dankbar war. Diese Praxis half Lisa, wieder eine Verbindung zu sich selbst und zu ihrer Familie zu finden und die kleinen Freuden im Alltag zu genießen.

Übung: Achtsamkeit im Alltag

1. Wähle eine alltägliche Tätigkeit, wie zum Beispiel das Zubereiten des Frühstücks oder das Fahren zur Arbeit.

2. Konzentriere dich bei dieser Tätigkeit voll und ganz auf den Moment. Nimm die Bewegungen, die Gerüche, die Geräusche und das Gefühl wahr.

3. Versuche, dich ganz in dieser Tätigkeit zu verlieren und lasse alle Gedanken an vergangene oder kommende Aufgaben los.

Diese Übung hilft dir, Momente der Präsenz in deinen Alltag zu integrieren und dich aus dem Autopiloten-Modus zu lösen.

Die Bedeutung des Augenblicks: Präsenz im Hier und Jetzt

Die wahre Kraft des Lebens liegt im gegenwärtigen Moment. Wenn wir lernen, im Hier und Jetzt zu leben, öffnen wir uns für eine tiefere Ebene des Bewusstseins, in der wir das Leben in seiner vollen Intensität erleben können. Der gegenwärtige Moment ist der einzige Ort, an dem das Leben wirklich geschieht – nicht in der Vergangenheit oder Zukunft.

Eine persönliche Geschichte: Die Entdeckung der Präsenz

Ein prägender Moment für mich war ein Spaziergang durch einen Park, den ich oft besuchte. Normalerweise war ich dabei in Gedanken vertieft, doch an einem bestimmten Tag beschloss ich, den Spaziergang bewusst zu erleben. Ich nahm die Farben der Bäume, den Geruch der Luft und das Gefühl des Bodens unter meinen Füßen wahr. Dieser Moment war so lebendig, dass ich das Gefühl hatte, das Leben selbst zu spüren. Ich erkannte, dass Präsenz uns mit einer Schönheit und Tiefe verbindet, die wir im Alltag oft übersehen.

Reflexion

Gibt es bestimmte Tätigkeiten, bei denen du oft im „Autopilot" bist? Was wäre, wenn du sie ab jetzt bewusst und achtsam ausführen würdest? Diese Reflexion zeigt dir die transformative Kraft der Präsenz im Alltag und motiviert dich, jeden Moment bewusst zu erleben.

Die Illusion der Zeit: Vergangenheit und Zukunft loslassen

Das Ego hält uns oft in der Illusion von Zeit gefangen, indem es uns ständig an die Vergangenheit denken lässt oder uns Sorgen über die Zukunft bereitet. Doch weder die Vergangenheit noch die Zukunft sind real – sie existieren nur in unseren Gedanken. Das Erwachen zum bewussten Leben erfordert, dass wir die Illusion der Zeit durchschauen und den Moment erleben, wie er ist.

Fallbeispiel: Michael und die Last der Vergangenheit

Michael, ein weiterer Klient, kam zu mir, weil er sich oft von Erinnerungen an die Vergangenheit gefangen fühlte. Er litt unter Schuldgefühlen und Bedauern und konnte sich oft stundenlang in Gedanken darüber verlieren, was er hätte anders machen können. Diese Gedankenspirale belastete ihn und hielt ihn davon ab, im Moment präsent zu sein.

In unserer Arbeit begann Michael zu erkennen, dass die Vergangenheit nicht mehr existiert und dass er durch die gedankliche Beschäftigung nur Schmerz aufrechterhielt. Mit gezielten Achtsamkeitsübungen lernte er, sich auf das Hier und Jetzt zu konzentrieren und die Vergangenheit loszulassen. Diese Praxis half ihm, sich von alten Lasten zu befreien und das Leben in der Gegenwart zu genießen.

Übung: Die Vergangenheit loslassen

1. Schließe die Augen und denke an ein Erlebnis aus der Vergangenheit, das dich belastet.

2. Atme tief ein und sage dir: „Ich lasse die Vergangenheit los."

3. Fokussiere dich auf den gegenwärtigen Moment und nimm den Raum um dich herum bewusst wahr.

4. Sage dir: „Nur der jetzige Moment ist real."

Diese Übung hilft dir, dich von der Vergangenheit zu lösen und die Kraft des gegenwärtigen Moments zu erfahren.

Der Weg zum bewussten Leben: Erste Schritte des Erwachens

Das Erwachen zum bewussten Leben ist ein Prozess, der mit kleinen Schritten beginnt. Es bedeutet, sich Zeit für sich selbst zu nehmen, sich selbst zu reflektieren und das Leben im Hier und Jetzt zu erfahren. Es ist ein fortlaufender Weg, der uns immer wieder dazu einlädt, innezuhalten und bewusst zu werden.

Eine persönliche Geschichte

Die Entscheidung für ein bewusstes Leben

Ich erinnere mich an den Moment, als ich beschloss, mein Leben bewusster zu leben. Ich saß in einem Café und beobachtete die Menschen um mich herum. Es schien, als ob alle in Eile waren und ihre Gedanken weit weg, genauso wie ich es selbst jahrelang war. In diesem Moment entschloss ich mich, jeden Tag bewusst zu erleben, auch wenn es nur für wenige Minuten war. Seit diesem Tag wurde das bewusste Leben ein zentraler Bestandteil meiner täglichen Routine.

Übung: Eine bewusste Morgenroutine entwickeln

Eine bewusste Morgenroutine kann dir helfen, den Tag in Achtsamkeit und Präsenz zu beginnen.

1. Beginne den Tag, indem du dir 5 Minuten Zeit nimmst, bevor du aufstehst. Schließe die Augen und nimm einige tiefe Atemzüge.

2. Setze dich an einen ruhigen Ort und trinke einen Tee oder Kaffee, während du dich nur auf diesen Moment konzentrierst. Spüre die Wärme des Getränks, den Geschmack und die Ruhe des Morgens.

3. Denke an eine positive Intention für den Tag, z. B.: „Ich werde heute jeden Moment bewusst erleben."

Diese Routine hilft dir, den Tag in einem Zustand der Achtsamkeit und Dankbarkeit zu beginnen und das bewusste Leben in den Alltag zu integrieren.

Schlussgedanken: Das Erwachen als fortlaufender Prozess

Das Erwachen zum bewussten Leben ist ein Weg, der uns immer wieder herausfordert und gleichzeitig bereichert. Es ist keine einmalige Erfahrung, sondern ein fortlaufender Prozess, der uns zu tieferem Selbstbewusstsein und einem authentischen Leben führt. Indem wir immer wieder in den gegenwärtigen Moment zurückkehren, lernen wir, das Leben in seiner Tiefe und Schönheit zu erfahren.

Reflexion: Was bedeutet es für dich, bewusst zu leben?

Welche kleinen Schritte kannst du heute unternehmen, um das Erwachen zum bewussten Leben in deinen Alltag zu integrieren?

Kapitel 2: Das Labyrinth des Egos – Woher kommen unsere Illusionen?

Was ist das Ego? Eine Einführung in die Welt der Selbsttäuschungen

Das Ego ist ein komplexer Aspekt unseres Geistes, der ein Bild unserer Identität und unseres Selbstwerts konstruiert. Es wirkt wie eine Maske, die uns ein abgetrenntes und in sich abgeschlossenes Selbst vorgaukelt. Durch das Ego fühlen wir uns einzigartig, getrennt und oft besser oder schlechter als andere. Diese Illusion kann unser Denken und Handeln auf eine Weise dominieren, die uns unglücklich und unerfüllt macht.

Eine Persönliche Geschichte

Meine erste Begegnung mit meinem Ego

Ich erinnere mich an eine Zeit, als ich meine erste Führungsposition antrat und das Gefühl hatte, endlich „angekommen" zu sein. Mein Ego nährte sich von dem Status und der Bestätigung, die ich durch diese Position erhielt. Doch im Laufe der Zeit merkte ich, dass ich immer nervöser wurde, wenn ich das Gefühl hatte, jemand könnte mir den Rang ablaufen. Diese innere Unruhe machte mir deutlich, wie stark mein Ego an äußere Bestätigung und Anerkennung gebunden war.

Dieser innere Konflikt zeigte mir zum ersten Mal, dass mein Selbstwert nur auf meiner Position basierte und nicht auf einem echten, stabilen Gefühl von Wert. Durch die Arbeit an meinem Ego erkannte ich, dass wahres Selbstbewusstsein nicht von der Meinung anderer abhängig sein sollte. Diese Erkenntnis brachte mir nicht nur Ruhe, sondern half mir auch, die Menschen um mich herum weniger als Bedrohung und mehr als Partner zu sehen.

Reflexion

Überlege, ob es Situationen in deinem Leben gibt, in denen du stark auf äußere Anerkennung angewiesen bist. Was passiert in dir, wenn diese Anerkennung fehlt? Diese Reflexion hilft dir, die Abhängigkeit des Egos von äußeren Bestätigungen zu erkennen.

Die Entstehung des Egos: Woher kommt unser Gefühl der Trennung?

Das Ego beginnt sich schon in der frühen Kindheit zu entwickeln, indem wir Prägungen und Bewertungen übernehmen, die uns sagen, was „richtig" und „falsch", „gut" und „schlecht" ist. Es formt sich durch die Botschaften, die wir von unseren Eltern, Lehrern und der Gesellschaft erhalten. Diese frühen Einflüsse prägen unsere Selbstwahrnehmung und führen dazu, dass wir das Gefühl bekommen, von anderen getrennt zu sein.

Fallbeispiel

Prägungen in der Kindheit und das Gefühl der Minderwertigkeit

Ein Klient von mir, Tim, hatte in der Schule oft gehört, dass er „nicht gut genug" sei und „sich mehr anstrengen" müsse. Diese Botschaften brannten sich tief in sein Bewusstsein ein und führten dazu, dass er als Erwachsener ständig das Gefühl hatte, sich beweisen zu müssen. In Beziehungen und im Beruf war er von der Angst getrieben, nicht zu genügen, was dazu führte, dass er andere ständig beeindrucken wollte.

Durch unsere gemeinsame Arbeit erkannte Tim, dass diese Botschaften aus seiner Kindheit Teil seines Egos waren und dass er sie nicht mehr als „Wahrheit" ansehen musste. Es war ein befreiender Moment für ihn, als er realisierte, dass sein Wert unabhängig von den Meinungen anderer bestand.

Übung: Den inneren Kritiker erkennen

1. Setze dich an einen ruhigen Ort und schließe die Augen.

2. Denke an eine Situation, in der du das Gefühl hattest, „nicht gut genug" zu sein.

3. Frage dich: „Wer spricht hier?" Stelle dir den inneren Kritiker als eine Person oder Figur vor und nimm wahr, welche Worte er verwendet.

4. Sage innerlich zu deinem inneren Kritiker: „Ich bin genug, so wie ich bin."

Diese Übung kann helfen, den Ursprung der Kritik zu erkennen und sie bewusst von dir zu lösen.

Die Illusionen des Egos: Wie es unsere Wahrnehmung verzerrt

Das Ego erschafft eine Vielzahl von Illusionen, die unsere Wahrnehmung und unser Verhalten beeinflussen. Es lässt uns glauben, dass wir die Kontrolle über die Welt haben können, dass wir besser oder schlechter als andere sind oder dass unser Wert von bestimmten äußeren Faktoren abhängt.

Die Illusion der Kontrolle

Eine der größten Illusionen des Egos ist die Idee, dass wir das Leben kontrollieren können. Das Ego glaubt, dass wir durch Planung und Kontrolle alle unerwünschten Überraschungen vermeiden können. Doch das Leben ist von Natur aus unvorhersehbar, und je mehr wir versuchen, es zu kontrollieren, desto angespannter und frustrierter werden wir.

Eine Persönliche Geschichte: Die Angst, Kontrolle zu verlieren

In meiner eigenen Reise habe ich oft versucht, das Leben bis ins kleinste Detail zu planen. Ich dachte, wenn ich alles unter Kontrolle hätte, würde mich nichts unerwartet treffen und ich wäre „sicher". Doch eine Reihe unvorhergesehener Veränderungen, darunter ein Wohnortswechsel und ein neuer Job, zeigten mir, wie wenig Kontrolle ich tatsächlich habe.

Diese Erfahrungen lehrten mich, loszulassen und das Leben in seiner unvorhersehbaren Natur anzunehmen. Ich lernte, dass wahre Sicherheit nicht im Außen, sondern in der inneren Flexibilität liegt. Diese Erkenntnis brachte mir mehr Frieden als jeder Plan, den ich je gemacht hatte.

Übung: Loslassen der Kontrolle

1. Denke an eine Situation, die du unbedingt kontrollieren möchtest, aber nicht beeinflussen kannst.

2. Schließe die Augen und atme tief ein. Stelle dir vor, wie du die Kontrolle loslässt, indem du das Problem in Gedanken loslässt und es dem Leben anvertraust.

3. Sage dir selbst: „Ich vertraue darauf, dass alles so kommt, wie es für mich richtig ist."

Diese Übung hilft dir, das Bedürfnis nach Kontrolle zu erkennen und dich mehr im Fluss des Lebens zu entspannen.

Die Illusion der Überlegenheit und Unterlegenheit

Das Ego schafft oft ein Gefühl der Überlegenheit oder Unterlegenheit gegenüber anderen. Es vergleicht sich ständig mit anderen und versucht, sich entweder als besser oder als schlechter darzustellen. Dieser Vergleich führt zu Konkurrenzdenken, Eifersucht und oft auch zu einem Mangel an Selbstwertgefühl.

Fallbeispiel

Konkurrenzdenken und die Illusion der Überlegenheit

Ein Klient, Thomas, hatte immer das Bedürfnis, sich mit seinen Kollegen zu messen. Wenn er das Gefühl hatte, dass jemand in seiner Abteilung erfolgreicher war, empfand er das als Bedrohung. Er strebte danach, immer der „Beste" zu sein, und dieses Konkurrenzdenken führte dazu, dass er seine Kollegen eher als Rivalen statt als Teammitglieder ansah.

Gemeinsam arbeiteten wir daran, die Ursachen seiner Überlegenheitsgefühle zu verstehen. Thomas erkannte, dass sein Ego sich durch den Erfolg anderer bedroht fühlte und dass er das Vergleichen loslassen konnte. Dadurch konnte er beginnen, seine Kollegen als Partner und nicht als Konkurrenz wahrzunehmen und echte Verbindungen aufzubauen.

Übung: Den Vergleich loslassen

1. Denke an eine Person, mit der du dich oft vergleichst, und reflektiere, was dieser Vergleich in dir auslöst.

2. Erinnere dich daran, dass jeder Mensch seine eigene Reise hat und dass dein Wert nicht von diesem Vergleich abhängt.

3. Schreibe eine positive Eigenschaft dieser Person auf und erkenne, dass sie ihre eigene Rolle spielt, so wie du deine Rolle hast.

Diese Übung hilft dir, die Konkurrenz loszulassen und Menschen wertzuschätzen, ohne dich mit ihnen zu vergleichen.

Die Schattenseiten des Egos: Angst, Konkurrenz und Leid

Das Ego bringt oft Ängste und negative Emotionen mit sich, weil es ständig nach Bestätigung und Sicherheit sucht. Wenn wir das Ego nicht durchschauen, führen diese Emotionen zu Leid und inneren Konflikten, die uns von einem bewussten Leben abhalten.

Eine Persönliche Geschichte: Der Einfluss der Angst

Angst war lange Zeit eine beherrschende Emotion in meinem Leben. Ich hatte ständig Angst davor, nicht gut genug zu sein oder Erwartungen nicht zu erfüllen. Mein Ego wollte mich schützen, indem es mich dazu brachte, immer mehr zu leisten und Anerkennung zu suchen. Doch dieser Schutzmechanismus führte nur zu Erschöpfung und dem Gefühl der inneren Leere.

Durch meine Auseinandersetzung mit der Natur des Egos lernte ich, die Angst als Illusion zu erkennen, die mein Ego kreierte, um mir das Gefühl der Kontrolle zu geben. Ich lernte, die Angst anzunehmen und mich nicht mehr von ihr beherrschen zu lassen. Diese innere Arbeit half mir, mehr Freiheit und Frieden zu finden.

Übung: Mit der Angst sprechen

1. Schließe die Augen und denke an eine Situation, die dir Angst macht.

2. Stelle dir vor, dass die Angst eine Gestalt oder Form annimmt, und frage sie: „Warum bist du hier?"

3. Höre zu, was die Angst dir zu sagen hat, und versuche, ihre Botschaft zu verstehen.

Diese Übung hilft dir, die Angst als Teil des Egos zu erkennen und ihre Botschaft bewusst wahrzunehmen, ohne dich von ihr beherrschen zu lassen.

Wege zur Überwindung des Egos: Ein Pfad zur inneren Freiheit

Die Überwindung des Egos ist ein Weg zur inneren Freiheit und zur Befreiung von den Illusionen, die unser Ego erschafft. Indem wir das Ego erkennen und uns von seinen Illusionen lösen, finden wir Frieden und ein authentisches Leben.

Achtsamkeit als Schlüssel zur Selbstbeobachtung

Achtsamkeit hilft uns, die Gedanken und Impulse des Egos zu beobachten, ohne auf sie zu reagieren. Sie ermöglicht es uns, die Muster des Egos zu erkennen und zu durchbrechen, sodass wir unser wahres Selbst ohne die Einflüsse des Egos erleben können.

Übung: Achtsames Beobachten

1. Setze dich ruhig hin und schließe die Augen.

2. Beobachte deine Gedanken und Gefühle, ohne sie zu bewerten.

3. Stelle dir vor, dass du ein unbeteiligter Beobachter bist, der nur zuschaut.

Diese Übung hilft dir, das Ego als eine vorübergehende Erscheinung zu sehen, die dein wahres Selbst nicht berührt.

Selbstreflexion und Selbsterkenntnis als Werkzeuge der Transformation

Selbstreflexion und Selbsterkenntnis sind mächtige Werkzeuge, um das Ego zu durchschauen und uns von seinen Illusionen zu befreien. Wenn wir regelmäßig innehalten und uns selbst hinterfragen, erkennen wir, welche Muster unser Ego prägen und wie wir diese Muster transformieren können.

Übung: Die Frage „Warum?" stellen

1. Denke an eine Situation, in der du das Gefühl hattest, dich rechtfertigen oder verteidigen zu müssen.

2. Frage dich mehrmals „Warum?" – bis du den tieferen Grund erkennst.

3. Reflektiere, ob diese Reaktion wirklich deinem Wesen entspricht oder nur eine Maske deines Egos ist.

Diese Übung hilft dir, die Illusionen des Egos zu durchschauen und deine wahre Motivation zu entdecken.

Kapitel 3: Der Übergang vom Überleben zum Leben – Mut zum Wandel

Leben oder Überleben? Ein grundlegender Unterschied

Viele Menschen verbringen ihre Tage im Modus des bloßen Überlebens. Das bedeutet, dass sie ihren Alltag einfach nur bewältigen, ohne sich bewusst darauf einzulassen oder tiefe Freude und Erfüllung zu erleben. Im Überlebensmodus funktionieren wir hauptsächlich durch Routinen, Erledigungen und Reaktionen auf äußere Anforderungen. Ein wirklich lebendiges Leben hingegen bedeutet, wach zu sein, offen und präsent für jeden Moment, den das Leben uns bietet.

Eine Persönliche Geschichte

Vom Funktionieren zum bewussten Leben

Ich erinnere mich an eine Zeit in meinem Leben, als ich jahrelang im „Überlebensmodus" gefangen war. Jeden Tag stand ich früh auf, hetzte zur Arbeit, kämpfte mich durch Meetings und To-Do-Listen und fiel abends erschöpft ins Bett. Mein Leben schien von außen betrachtet erfolgreich, doch innerlich fühlte ich mich leer und unverbunden.

Eines Abends, als ich wieder einmal völlig ausgebrannt auf der Couch saß, fragte ich mich: „Ist das alles, was das Leben zu bieten hat?" Diese Frage brachte mich dazu, meine Einstellung zu überdenken und kleine, bewusste Veränderungen vorzunehmen. Ich begann, den Morgen bewusst und ruhig zu starten, mir Zeit für Dinge zu nehmen, die mir Freude bereiteten, und mich von der ständigen Hektik zu lösen. Dieser Übergang von bloßem Funktionieren zu einem bewussten Leben veränderte mein Leben grundlegend.

Reflexion:

Erinnere dich an eine Zeit in deinem Leben, in der du das Gefühl hattest, nur zu „funktionieren". Was war die Ursache für diesen Zustand? Notiere, wie sich das auf dein Wohlbefinden und deine Zufriedenheit ausgewirkt hat. Diese Reflexion kann dir helfen, zu verstehen, wie wichtig es ist, aus dem Überlebensmodus auszubrechen.

Warum verharren wir im Überlebensmodus?

Viele von uns verharren im Überlebensmodus, weil wir uns sicher fühlen, wenn wir alles unter Kontrolle haben. Doch dieser Zustand führt langfristig zu Erschöpfung und Entfremdung von uns selbst. Es ist wichtig, die Ursachen zu verstehen, warum wir im Überlebensmodus bleiben, um bewusst den Schritt ins wirkliche Leben zu wagen.

Fallbeispiel: Die Angst vor Veränderung

Sarah, eine meiner Klientinnen, war eine erfolgreiche Anwältin, die sich ein sicheres, aber eintöniges Leben aufgebaut hatte. Trotz ihrer materiellen Erfolge fühlte sie sich innerlich leer und spürte, dass sie ihre Leidenschaft und ihre kreativen Interessen vernachlässigte. Sie gab zu, dass sie zwar schon lange den Wunsch hatte, einen anderen beruflichen Weg einzuschlagen, doch ihre Angst vor Veränderung hielt sie davon ab.

Durch gezielte Übungen und Reflexion begann Sarah, ihre Ängste zu hinterfragen und ihre wahren Sehnsüchte zu erkennen. Sie verstand, dass die Angst, das Bekannte zu verlassen, sie in einem Leben hielt, das sie nicht erfüllte. Mit kleinen Schritten wagte sie schließlich den Übergang zu einem neuen Berufsfeld, dass ihrer Leidenschaft entsprach, und fühlte sich lebendiger und authentischer.

Übung: Den Wandel willkommen heißen

1. Nimm ein Blatt Papier und schreibe die größten Ängste auf, die dich daran hindern, dein Leben zu verändern. Frage dich: „Was ist das Schlimmste, das passieren könnte?"

2. Notiere anschließend, was du gewinnen könntest, wenn du die Veränderung zulässt.

3. Lies die positiven Aspekte mehrmals durch und stelle dir vor, wie dein Leben sich anfühlt, wenn du den Wandel willkommen heißt.

Diese Übung hilft dir, die Veränderung als Möglichkeit und nicht als Bedrohung zu sehen.

Der erste Schritt zum Leben: Selbstakzeptanz und Authentizität

Selbstakzeptanz und Authentizität sind die Grundpfeiler eines erfüllten Lebens. Nur wenn wir uns selbst akzeptieren, können wir den Mut finden, authentisch zu leben und Entscheidungen zu treffen, die mit unserem inneren Wesen übereinstimmen.

Eine Persönliche Geschichte: Der Weg zur Selbstakzeptanz

Ich war lange Zeit davon überzeugt, dass ich bestimmte Erwartungen erfüllen musste, um wertvoll zu sein. Dieses Bedürfnis nach Anerkennung führte dazu, dass ich mich oft selbst kritisierte und mich ungenügend fühlte. Doch durch die Praxis der Achtsamkeit und Selbstreflexion erkannte ich, dass der Schlüssel zu einem erfüllten Leben in der bedingungslosen Selbstakzeptanz lag.

Mit der Zeit begann ich, mich selbst so anzunehmen, wie ich war, ohne ständig nach Perfektion zu streben. Dieses Gefühl der inneren Akzeptanz gab mir die Freiheit, authentisch zu sein und mich auf das Wesentliche zu konzentrieren – auf die Dinge, die mir wirklich Freude bereiteten und mit meinen Werten übereinstimmten.

Übung: Dein authentisches Selbst entdecken
1. Setze dich an einen ruhigen Ort und schließe die Augen.

2. Frage dich: „Wer bin ich wirklich, ohne die Erwartungen anderer oder gesellschaftlicher Normen?"

3. Notiere, was dir in den Sinn kommt – deine Werte, Träume und das, was dich wirklich erfüllt.

Diese Übung hilft dir, den Kontakt zu deinem authentischen Selbst herzustellen und dir deiner Werte bewusst zu werden.

Den Mut zum Wandel finden: Wie Veränderung zum Leben führt

Der Mut zum Wandel ist entscheidend, um aus dem Überlebensmodus auszubrechen und ein bewusstes Leben zu führen. Veränderung ist oft mit Unsicherheit und Angst verbunden, doch sie ist der Weg zu einem erfüllten und lebendigen Leben.

Fallbeispiel: Der Mut, alte Muster loszulassen

Ein anderer Klient, Robert, fühlte sich seit Jahren in einem ungeliebten Job gefangen. Er arbeitete hart und funktionierte im Alltag, doch tief in ihm schlummerte der Wunsch, seiner Kreativität Raum zu geben. Robert hatte jedoch Angst, die gewohnte Sicherheit aufzugeben und sich auf das Unbekannte einzulassen.

Wir arbeiteten daran, ihm den Mut zu geben, alte Muster loszulassen. Durch kleine Schritte – wie das Erstellen eines kreativen Projekts in seiner Freizeit – entdeckte er allmählich, dass Veränderung nicht nur Verlust, sondern auch Wachstum bedeuten kann. Schließlich wagte er es, seinen Job zu wechseln und einen Beruf zu wählen, der ihm mehr Raum für Kreativität ließ. Dieser mutige Schritt gab ihm das Gefühl, wirklich zu leben und nicht mehr nur zu funktionieren.

Übung: Der erste Schritt zur Veränderung

1. Überlege dir, welches Muster du loslassen möchtest, und schreibe es auf.

2. Formuliere einen kleinen, konkreten Schritt, der dir hilft, dieses Muster zu durchbrechen.

3. Setze dir eine Woche, in der du diesen Schritt bewusst gehst, und beobachte, wie sich das auf dein Gefühl der Lebendigkeit auswirkt.

Diese Übung hilft dir, die Veränderung als positive Kraft zu erleben und deinen eigenen Mut zu stärken.

Vom Funktionieren zum Erleben: Die Kraft der Präsenz

Ein erfülltes Leben erfordert Präsenz im Hier und Jetzt. Wenn wir präsent sind, erleben wir das Leben nicht nur als Abfolge von Aufgaben und Pflichten, sondern wir erkennen die Schönheit des Augenblicks und erfahren wahre Erfüllung.

Fallbeispiel: Der Alltag als Quelle der Präsenz

Anna, eine junge Mutter, kam zu mir, weil sie das Gefühl hatte, ihr Alltag bestehe nur aus Erledigungen und Pflichten. Ihre Tage waren durchgetaktet, und obwohl sie ihre Familie liebte, fühlte sie sich innerlich ausgelaugt. Sie hatte das Gefühl, zu funktionieren und kaum noch Zeit für sich selbst zu haben.

Gemeinsam erkundeten wir, wie sie Momente der Präsenz in ihren Alltag integrieren konnte. Anna begann damit, kleine Alltagsaktivitäten wie das Zubereiten des Frühstücks oder das Spielen mit ihren Kindern bewusst zu erleben und jeden Moment zu schätzen. Durch diese bewusste Präsenz spürte sie eine tiefere Verbindung zu sich selbst und zu ihrer Familie und empfand ihr Leben als bedeutungsvoller.

Übung: Bewusste Präsenz im Alltag

1. Wähle eine alltägliche Aktivität wie Zähneputzen, Kochen oder Aufräumen.

2. Fokussiere dich vollständig auf die Aktivität und beobachte jeden Schritt bewusst.

3. Lasse alle Gedanken an vergangene oder zukünftige Aufgaben los und bleibe bei der Tätigkeit im Hier und Jetzt.

Diese Übung zeigt dir, dass selbst die einfachsten Tätigkeiten eine Quelle für Bewusstsein und Präsenz sein können.

Die Reise zum authentischen Leben: Von der Selbsterkenntnis zur Transformation

Der Übergang vom Überleben zum bewussten Leben beginnt mit Selbsterkenntnis und dem Mut, alte Muster zu hinterfragen. Transformation ist ein fortlaufender Prozess, der uns dazu einlädt, unser wahres Selbst zu entdecken und ein Leben zu gestalten, das uns authentisch erfüllt.

Eine Persönliche Geschichte: Mein Weg zur Authentizität

In meinem eigenen Leben war der Weg zur Authentizität mit vielen Herausforderungen verbunden. Es gab Phasen, in denen ich versuchte, Erwartungen zu erfüllen und eine Version von mir selbst zu leben, die ich für „richtig" hielt. Doch dieser Weg führte nur zu Entfremdung von mir selbst und einem ständigen Gefühl, nicht genug zu sein.

Durch intensive Selbsterkenntnis und die Arbeit mit meinen eigenen Emotionen und Werten erkannte ich schließlich, dass wahre Authentizität bedeutet, sich selbst bedingungslos zu akzeptieren. Dieser Prozess der Selbsterkenntnis führte zu einer tiefen Transformation und gab mir die Freiheit, mein Leben im Einklang mit meinem wahren Selbst zu gestalten.

Übung: Selbstreflexion für Authentizität

1. Nimm dir einen ruhigen Moment und schreibe drei Eigenschaften oder Verhaltensweisen auf, die du an dir selbst ändern möchtest, um authentischer zu leben.

2. Frage dich: „Warum möchte ich diese Eigenschaften ändern? Was bedeutet es für mich, authentisch zu sein?"

3. Setze dir kleine Schritte, um diese Eigenschaften in deinem Leben zu integrieren und deinem wahren Selbst näherzukommen.

Diese Übung unterstützt dich darin, den Weg zur Authentizität aktiv zu gestalten und deinen eigenen Werten treu zu bleiben.

Kapitel 4: Die Kunst des bewussten Lebens – Leben im Hier und Jetzt

Was bedeutet bewusstes Leben?

Bewusst zu leben bedeutet, den Moment bewusst wahrzunehmen, präsent zu sein und jeden Augenblick als wertvoll zu erkennen. Doch das bewusste Leben ist nicht nur eine Idee oder ein Ziel, sondern eine Lebensweise, die uns in jeder Situation Orientierung und Erfüllung schenken kann. Bewusstes Leben ist das aktive Gegenstück zum sogenannten „Autopilot-Modus", bei dem wir uns von Routinen, Gedanken und Gewohnheiten leiten lassen, ohne wirklich präsent zu sein.

Eine Persönliche Geschichte: Ein bewusster Neuanfang

Ich erinnere mich noch gut an eine Phase in meinem Leben, in der ich ständig in Eile war. Job, Familie, Verpflichtungen – jeder Tag war durchgeplant, jeder Moment voll. Es gab kaum einen Augenblick, in dem ich wirklich innehielt. Das Ergebnis? Ich fühlte mich ausgelaugt und disconnected von mir selbst.

Eines Abends, als ich erschöpft im Bett lag, fragte ich mich: „Wo bin ich in all dem?" Dieses Gefühl führte mich zur Entscheidung, die Art, wie ich mein Leben führte, neu zu überdenken. Ich begann damit, kleine Momente der Ruhe und des bewussten Erlebens in meinen Alltag zu integrieren – morgens beim Kaffee, während eines Spaziergangs oder sogar im Gespräch mit anderen. Diese Praxis hat meine Beziehung zu mir selbst und meiner Umgebung grundlegend verändert.

Reflexion:

Denke an einen Moment, in dem du dich voll und ganz präsent gefühlt hast. Wie hat sich dieser Moment von den anderen unterschieden? Notiere, welche Elemente dir das Gefühl der Präsenz gegeben haben und wie du diese Elemente im Alltag häufiger integrieren kannst.

Der Autopilot-Modus: Das Gegenteil des bewussten Lebens

Viele Menschen verbringen ihre Tage im sogenannten Autopilot-Modus. Der Autopilot ist der Zustand, in dem wir routiniert handeln, ohne wirklich präsent zu sein. Der Alltag wird durch feste Abläufe strukturiert, und wir reagieren unbewusst auf Ereignisse, ohne uns unserer Gedanken und Gefühle bewusst zu sein.

Fallbeispiel: Der Autopilot in Beziehungen

Ein Klient von mir, Max, war ein engagierter Manager, der für seine Arbeit lebte. Er hatte ein gutes Einkommen und einen großen Freundeskreis, doch in seiner Ehe fühlte er sich zunehmend distanziert. Seine Frau beschwerte sich oft, dass er ihr nicht wirklich zuhöre und im Gespräch abwesend wirke.

Max war zunächst überrascht – schließlich verbrachten sie fast jeden Abend gemeinsam. Doch bei näherem Hinsehen erkannte er, dass er im Autopilot-Modus agierte, oft an seine Arbeit dachte und sich kaum in das Gespräch mit seiner Frau einbrachte. Gemeinsam arbeiteten wir an einer Methode, mit der er bewusst präsent sein konnte. Er entschied sich, das Handy beiseite zulegen und sich in Gesprächen aktiv einzubringen, was dazu führte, dass er eine tiefere Verbindung zu seiner Frau aufbauen konnte.

Übung: Achtsames Zuhören

1. Wähle eine Person in deinem Umfeld, mit der du bewusst ein Gespräch führen möchtest.

2. Lege während des Gesprächs alle Ablenkungen beiseite und konzentriere dich voll auf dein Gegenüber.

3. Achte auf jede Nuance – Mimik, Gestik und Tonfall.

4. Versuche, nicht zu unterbrechen oder über die Antwort nachzudenken, sondern höre wirklich zu.

Diese Übung wird dir helfen, den Autopilot-Modus in Beziehungen zu durchbrechen und die Kraft des bewussten Zuhörens zu erfahren.

Warum das Hier und Jetzt so wichtig ist

Das Hier und Jetzt ist der einzige Moment, der real ist. In der Gegenwart finden wir Erfüllung, Frieden und Klarheit. Wenn wir uns auf den gegenwärtigen Moment konzentrieren, können wir die Schönheit des Lebens in all seinen Facetten wahrnehmen und lernen, das Leben bewusster und intensiver zu erleben.

Der Wert der Gegenwart

Im Hier und Jetzt zu leben ist mehr als eine Philosophie – es ist eine Entscheidung, die uns zu einem tieferen Bewusstsein führt. Wenn wir bewusst leben, stellen wir fest, dass das Leben nicht nur aus den „großen Momenten" besteht, sondern dass jeder Augenblick eine Gelegenheit zur Freude und Dankbarkeit bietet.

Eine Persönliche Geschichte

Das Geschenk des gegenwärtigen Moments - Ich erinnere mich an eine Zeit, in der ich nach einem anstrengenden Arbeitstag auf dem Heimweg war. Normalerweise hätte ich meine Gedanken abschweifen lassen, wäre gedanklich schon beim Abendessen oder den Aufgaben des nächsten Tages gewesen. Doch an diesem Tag entschied ich, den Heimweg bewusst zu erleben – das Gefühl der Luft auf der Haut, die Geräusche der Umgebung, den Anblick des Sonnenuntergangs. Ich fühlte eine tiefe Verbundenheit und Dankbarkeit für den Moment, und diese

Erfahrung zeigte mir, wie erfüllend es ist, das Leben einfach zu erleben, ohne etwas verändern oder planen zu müssen.

Reflexion

Notiere dir drei Situationen in deinem Alltag, in denen du bewusst innehalten und den Moment erleben kannst. Plane dir diese Momente als bewusste Erinnerungen in deinem Alltag ein und beobachte, wie sich das auf dein Wohlbefinden auswirkt.

Wege, um bewusst im Hier und Jetzt zu leben

Das bewusste Leben kann durch verschiedene Praktiken und Einstellungen vertieft werden, die uns helfen, mehr Achtsamkeit und Präsenz in unseren Alltag zu integrieren.

Achtsamkeit im Alltag: Präsenz in den kleinen Dingen

Achtsamkeit bedeutet, sich vollständig auf das zu konzentrieren, was man gerade tut, ohne an die Vergangenheit oder Zukunft zu denken. Achtsamkeit kann überall praktiziert werden, sei es beim Zähneputzen, bei der Arbeit oder beim Kochen.

Übung: Bewusstes Zähneputzen

1. Nimm dir vor, heute Morgen das Zähneputzen bewusst zu erleben.

2. Spüre die Zahnbürste in deiner Hand, achte auf die Bewegungen, den Geschmack der Zahnpasta und das Gefühl auf deinen Zähnen.

3. Nimm jeden Moment des Zähneputzens wahr, ohne dich abzulenken.

Diese Übung hilft dir, in den Alltag achtsame Momente einzubauen und zeigt dir, wie selbst einfache Tätigkeiten einen bewussten Moment schaffen können.

Fallbeispiel: Bewusstes Gehen als tägliche Praxis

Ein weiterer Klient, Tom, erlebte oft Stress und Druck bei der Arbeit. Wir arbeiteten daran, ihn durch bewusstes Gehen, eine einfache, aber wirkungsvolle Achtsamkeitspraxis, zu entspannen. Jeden Tag machte er nun eine kurze Pause, in der er bewusst und achtsam ging – ohne Handy, ohne Ziel, nur mit der Intention, jeden Schritt und jede Empfindung wahrzunehmen. Diese Praxis half ihm, sich zu erden und den Moment wertzuschätzen.

Übung: Bewusstes Gehen

1. Wähle eine Strecke, auf der du in Ruhe gehen kannst.

2. Konzentriere dich auf jeden Schritt – spüre den Boden unter deinen Füßen, die Bewegungen deines Körpers und die Luft, die du einatmest.

3. Versuche, deine Gedanken loszulassen und ganz in das Gefühl des Gehens einzutauchen.

Diese Übung kann dir helfen, das Hier und Jetzt zu erleben und selbst in hektischen Zeiten einen Moment der Ruhe zu finden.

Dankbarkeit als Tor zur Präsenz

Dankbarkeit ist eine Methode, die uns hilft, das Leben im Moment zu schätzen. Durch das Praktizieren von Dankbarkeit lernen wir, die positiven Aspekte des Lebens zu erkennen und uns bewusst auf das Schöne zu konzentrieren.

Eine Persönliche Geschichte

Dankbarkeit für den Moment - Vor einigen Jahren, als ich mich einer Herausforderung in meinem Leben gegenübersah, begann ich, mich auf die kleinen Freuden des Alltags zu konzentrieren – den warmen Kaffee am Morgen, das Lächeln eines Fremden, das Gefühl der Sonne auf der Haut. Diese kleinen Dankbarkeitsmomente halfen mir, meinen Fokus von den Problemen abzulenken und das Positive in meinem Leben zu sehen. Heute beginne ich jeden Tag mit einem Dankbarkeitsritual, das mir hilft, die Fülle des Lebens im Hier und Jetzt zu erleben.

Übung: Dankbarkeitsjournal

1. Nimm dir jeden Abend fünf Minuten Zeit und schreibe drei Dinge auf, für die du an diesem Tag dankbar bist.

2. Versuche, die Details bewusst wahrzunehmen und zu reflektieren, wie sie dir den Moment bereichert haben.

Durch das Dankbarkeitsjournal kannst du deinen Fokus auf das Positive im Hier und Jetzt lenken und den Moment wertschätzen.

Die Hindernisse auf dem Weg zur Präsenz

Obwohl bewusstes Leben so bereichernd sein kann, gibt es zahlreiche Hindernisse, die uns daran hindern, den gegenwärtigen Moment zu erleben. Ablenkungen, Sorgen und festgefahrene Gewohnheiten sind häufige Herausforderungen, denen wir uns bewusst stellen müssen.

Fallbeispiel: Überwinden von Ablenkungen

Ein weiterer Klient, Lena, kämpfte ständig mit dem Drang, auf ihr Handy zu schauen, und bemerkte, dass diese Angewohnheit sie oft aus dem Moment riss. Wir analysierten, warum sie so oft zu ihrem Handy griff, und entdeckten, dass es ihr eine Art Sicherheit gab, sich abzulenken. Lena entschied sich schließlich, gezielt handyfreie Zeiten einzuplanen, und lernte so, sich mehr auf die

Gegenwart zu konzentrieren. Diese einfache Änderung half ihr, ihre Verbindung zu sich selbst und ihren Mitmenschen zu vertiefen.

Übung: Die „Ablenkungsstopp"-Routine

1. Setze dir im Laufe des Tages zwei festgelegte Zeiten, zu denen du dich vollständig auf eine einzige Aufgabe konzentrierst – sei es Lesen, Essen oder Arbeiten.

2. Lege alle Ablenkungen beiseite und konzentriere dich nur auf die Tätigkeit.

3. Achte darauf, wie es sich anfühlt, dich ohne Unterbrechungen auf das Hier und Jetzt zu konzentrieren.

Diese Übung hilft dir, dich von Ablenkungen zu lösen und die Kraft der Präsenz zu spüren.

Die positiven Effekte eines bewussten Lebens

Ein bewussteres Leben bringt zahlreiche positive Effekte mit sich: Wir erfahren tiefere Beziehungen, mehr inneren Frieden und eine erhöhte Freude am Alltag. Indem wir im Hier und Jetzt leben, können wir die kleinen, oft unscheinbaren Momente mehr schätzen.

Beispiel

Erinnere dich an ein Gespräch, in dem du vollkommen präsent warst. Wie hat sich das auf die Qualität des Gesprächs ausgewirkt? Präsenz führt zu einer tieferen Verbindung und lässt uns authentisch mit anderen Menschen kommunizieren.

Schlussgedanken: Der Weg zum bewussten Leben

Der Weg zu einem bewussten Leben ist keine einmalige Entscheidung, sondern eine fortlaufende Praxis. Wenn wir lernen, die Gegenwart zu schätzen und den Moment vollständig zu erleben, erleben wir eine tiefere Verbindung zu uns selbst und zum Leben. Das bewusste Leben ist eine Entscheidung für Klarheit, Freude und wahre Präsenz.

Kapitel 5: Emotionen und ihre Transformation – Das Herz als Wegweiser

Die Kraft der Emotionen verstehen

Emotionen beeinflussen unsere Lebensqualität oft tiefgreifender, als uns bewusst ist. Freude, Liebe und Frieden bereichern unser Leben, während Trauer, Angst und Wut als „negative" Emotionen meist verdrängt werden. Ein bewusstes Leben erfordert jedoch, all diese Emotionen anzunehmen, sie zu erforschen und aus ihnen zu lernen. Hier können die Emotionen zu wertvollen Lehrern werden, die uns helfen, die tieferen Schichten unseres Selbst zu verstehen.

Eine persönliche Geschichte

Der Weg zur Freude nach der Angst - In Arbeit als Beraterin habe ich oft Menschen getroffen, die sich durch Angst eingeengt fühlten. Ein besonderer Fall war Anna, eine erfolgreiche Geschäftsfrau Mitte dreißig, die nach außen hin ein erfülltes Leben führte. Doch hinter der Fassade verbarg sie eine tiefe Angst davor, Menschen zu vertrauen. Diese Angst führte dazu, dass sie sich in ihren Beziehungen distanziert verhielt und selbst im engsten Freundeskreis nie vollständig öffnete.

Anna und ich arbeiteten gemeinsam an der Ursache ihrer Ängste. Dabei entdeckte sie, dass sie schon in der Kindheit erlebt hatte, wie verletzend Vertrauen sein kann – eine Erfahrung, die sich in ihre Erwachsenenbeziehungen hinein verlängert hatte. Nach intensiver Reflexion und Übung lernte Anna, ihre Angst als Schutzmechanismus zu erkennen und sie nicht zu verdrängen, sondern achtsam mit ihr umzugehen. Am Ende der Arbeit sagte sie: „Die Freude ist mein Ziel – doch ich sehe jetzt, dass ich erst lernen musste, meine Angst anzunehmen."

Reflexion

Überlege, welche Emotionen bei dir oft im Vordergrund stehen. Gibt es bestimmte Gefühle, die du eher vermeidest? Warum denkst du, dass dies so ist? Indem du deine „Alltagsgefühle" erkundest, gewinnst du ein tieferes Verständnis für dich selbst.

Der Umgang mit schwierigen Emotionen: Von der Verdrängung zur Bewusstheit

Der Weg zur Selbstverwirklichung führt uns oft durch die Konfrontation mit Emotionen, die schwer auszuhalten sind. Verdrängung scheint oft die einfachste Option zu sein, doch sie blockiert Wachstum und innere Heilung. Dieser Abschnitt zeigt, wie wir schwierige Emotionen annehmen und transformieren können.

Fallbeispiel: Tom und der Umgang mit unterdrückter Wut

Ein weiteres Beispiel ist Tom, ein ruhiger, stets freundlicher Mann, der jedoch oft merkte, dass er nach stressigen Arbeitstagen gereizt und ungeduldig war. Er unterdrückte diese Wut, da er sie als „unpassend" empfand, bis die Emotion immer häufiger in Form von Kopfschmerzen und Schlaflosigkeit auftauchte.

Tom erkannte schließlich, dass seine Reizbarkeit seine unbewusste Art war, Wut zu zeigen. Er begann, sich bewusst Momente zu schaffen, in denen er seine Wut auf konstruktive Weise zum Ausdruck bringen konnte, indem er z. B. laut seine Gedanken aufschrieb oder sich selbst erlaubte, allein im Auto laut zu sprechen. Diese Schritte halfen ihm, einen gesunden Ausdruck für seine Emotionen zu finden, ohne sich von ihnen kontrollieren zu lassen.

Übung: Der „Gefühlsdialog" mit schwierigen Emotionen

Um mit unterdrückten Emotionen umzugehen, ist es hilfreich, mit ihnen einen Dialog zu beginnen, statt sie zu ignorieren oder zu verurteilen.

1. Setze dich an einen ruhigen Ort und schließe die Augen.

2. Nimm eine schwierige Emotion in dir wahr und stelle sie dir als Person oder Gestalt vor. Lasse zu, dass sie spricht.

3. Frage diese „Emotion", warum sie da ist, und höre zu, was sie dir sagt.

4. Stelle dir dann vor, wie du mit dieser Emotion eine positive Lösung findest, und frage sie, was sie dir mitteilen will.

Diese Übung ist hilfreich, um auf das tiefere Bedürfnis hinter der Emotion zu hören und so eine bewusste Beziehung zu ihr aufzubauen.

Die Botschaften der Gefühle: Emotionen als Wegweiser

Unsere Emotionen sind wie ein inneres Navigationssystem. Sie signalisieren uns, wann wir uns in Harmonie befinden und wann wir uns von unserem innersten Selbst entfernen. Durch das Zuhören und Verstehen unserer Emotionen können wir Klarheit darüber gewinnen, welche Schritte uns in ein erfüllteres Leben führen.

Vertiefendes Beispiel: Angst als Wegweiser zur Veränderung

Viele Menschen erleben Angst in Form von Blockaden, wenn sie vor großen Veränderungen stehen. Eine meiner Klientinnen, Sophia, war seit Jahren unzufrieden in ihrem Job, doch die Angst vor dem Unbekannten hielt sie davon ab, neue Wege einzuschlagen. Gemeinsam erkundeten wir, welche Botschaft ihre Angst für sie bereithielt.

Sophia entdeckte, dass die Angst sie davor schützen wollte, das vertraute Umfeld zu verlassen, in dem sie sich sicher fühlte. Doch nach und nach begann sie, die Angst als Wegweiser zu sehen, der sie darauf hinwies, dass sie sich nach einem Leben voller Inspiration sehnte. Schrittweise begann sie, berufliche Alternativen zu erkunden, und gewann so die Zuversicht, ihre Ängste zu überwinden und neue Wege zu gehen.

Übung: Die „Emotionale Landkarte"

1. Nimm ein Blatt Papier und teile es in vier Abschnitte: Freude, Angst, Wut und Trauer.

2. Schreibe in jeden Abschnitt Beispiele aus deinem Leben, in denen diese Emotionen auftraten, und notiere, was diese Gefühle über deine Wünsche, Bedürfnisse oder Grenzen aussagen.

3. Analysiere, welche dieser Emotionen häufiger in deinem Leben präsent ist und warum.

Diese Übung hilft dir, deine emotionale Landkarte zu verstehen und emotionale Muster zu erkennen, die als Wegweiser dienen können.

Die Kunst der Selbstliebe und des Mitgefühls: Emotionale Heilung durch Annahme

Die Kraft der Selbstannahme: Persönliches Beispiel - Ich erinnere mich an einen besonders schwierigen Moment in meinem Leben, in dem ich mit starken Selbstzweifeln zu kämpfen hatte. Ich fühlte mich, als ob ich ständig beweisen müsste, dass ich gut genug sei. Durch Achtsamkeit und Selbstreflexion erkannte ich schließlich, dass mein Bedürfnis nach Bestätigung auf einem inneren Gefühl der Unzulänglichkeit beruhte.

In einer Meditation setzte ich mich mit mir selbst auseinander und sprach mir leise Sätze der Selbstliebe zu, etwa „Du bist gut, wie du bist" und „Ich akzeptiere dich bedingungslos". Diese Praxis der Selbstliebe half mir, mich nicht länger an äußere Bestätigung zu binden, sondern eine innere Stabilität zu finden, die unabhängig von den Meinungen anderer ist.

Übung: Das „Selbstliebe-Mantra"

1. Wähle ein Mantra, das dir entspricht – zum Beispiel: „Ich liebe und akzeptiere mich so, wie ich bin."

2. Sage es dir jeden Morgen und Abend für einige Minuten und beobachte, wie es dein Gefühl zu dir selbst verändert.

3. Wiederhole das Mantra besonders in Momenten, in denen du mit schwierigen Emotionen kämpfst, um eine Atmosphäre der Selbstannahme zu schaffen.

Diese Übung fördert die Selbstakzeptanz und hilft dir, auch schwierige Emotionen mit Mitgefühl zu betrachten.

Emotionale Transformation durch Achtsamkeit und Meditation

Meditation und Achtsamkeit sind unschätzbare Werkzeuge zur emotionalen Heilung und Transformation. Sie geben uns die Fähigkeit, Emotionen bewusst zu beobachten und zu erfahren, ohne von ihnen überwältigt zu werden. Dies eröffnet uns die Möglichkeit, unsere Emotionen zu transformieren und als wertvolle Begleiter zu sehen.

Fallbeispiel: Emotionale Heilung durch Metta-Meditation

Ein Klient, den ich betreute, litt unter starkem Groll und Schmerz nach einer schwierigen Trennung. Er war von Selbstvorwürfen und Wut erfüllt und fand keinen Frieden. Wir begannen gemeinsam mit der Metta-Meditation, die auf Mitgefühl und Liebe basiert. Zu Beginn fiel es ihm schwer, die Meditation auf sich selbst und seine Ex-Partnerin anzuwenden, doch mit der Zeit öffnete er sich dieser Praxis und begann, Mitgefühl für beide Seiten zu entwickeln.

Durch die Meditation fand er nach und nach Frieden, da er erkannte, dass seine Wut und sein Groll ihn selbst nur festhielten. Die Metta-Meditation erlaubte ihm, diesen Gefühlen zu begegnen und sie loszulassen, was ihm half, den Schmerz zu überwinden.

Übung: Metta-Meditation für emotionale Heilung

1. Setze dich bequem hin und schließe die Augen.

2. Wiederhole innerlich: „Möge ich Frieden finden und heilen."

3. Visualisiere eine Person, die Teil deines emotionalen Schmerzes ist, und wiederhole: „Mögest du Frieden finden und heilen."

4. Erlebe die Wirkung der Worte, ohne Druck zu verspüren, und lass die Emotionen zu, die dabei auftauchen.

Das Herz als Wegweiser: Emotionen für ein erfülltes Leben

Vertiefendes Beispiel: Die Entscheidung aus dem Herzen treffen - Nina, eine junge Frau mit einem erfolgreichen Beruf, kam eines Tages zu mir und teilte mir mit, dass sie sich trotz ihres Erfolgs leer fühlte. Sie hatte das Gefühl, in einem Leben gefangen zu sein, das nicht ihrem Herzen entsprach. Gemeinsam gingen wir ihre Emotionen durch und erkannten, dass ihre innere Stimme nach Kreativität und Freiheit rief.

Mit der Zeit wagte Nina den Schritt und begann ein Kunstprojekt, das sie schon immer verwirklichen wollte. Diese Entscheidung veränderte ihr Leben. Sie fand Erfüllung und Freude, da sie gelernt hatte, ihrer Herzensstimme zu folgen und ihre Emotionen als Wegweiser zu nutzen.

Übung: Die „Herzensfrage" bei Entscheidungen

1. Wenn du vor einer Entscheidung stehst, nimm dir einen Moment Zeit und frage dich: „Wie fühlt sich diese Wahl für mein Herz an?"

2. Achte auf die Emotionen, die in dir auftauchen, und spüre, welche Entscheidung ein Gefühl von Freude und Frieden auslöst.

3. Schreibe deine Gedanken und Gefühle zu dieser Entscheidung auf, um die Klarheit deines Herzens zu unterstützen.

Diese Übung hilft dir, die Weisheit deiner Emotionen in deine Entscheidungen einzubringen und ein Leben zu führen, das deinem wahren Selbst entspricht.

Kapitel 6: Die Kraft der Selbstliebe – Der Weg zur inneren Heilung

Was bedeutet Selbstliebe wirklich?

Selbstliebe ist mehr als das bloße Gefühl, sich selbst zu mögen. Sie ist eine innere Haltung, die durch Selbstakzeptanz, Mitgefühl und Selbstfürsorge gekennzeichnet ist. Selbstliebe verlangt von uns, uns selbst bedingungslos anzunehmen – sowohl mit unseren Stärken als auch mit unseren Schwächen. Es ist eine umfassende Liebe, die uns hilft, uns selbst als vollständiges Wesen zu erkennen und zu akzeptieren.

Die Schattenseiten erkennen und annehmen

Selbstliebe bedeutet auch, die dunklen Seiten in uns zu akzeptieren – unsere Unsicherheiten, Ängste und Verletzlichkeiten. Viele Menschen versuchen, diese Aspekte von sich selbst zu verdrängen oder zu verstecken, weil sie Angst haben, dass sie sie weniger liebenswert machen könnten. Doch das Annehmen unserer Schattenseiten ist ein zentraler Aspekt der Selbstliebe, denn nur wenn wir uns selbst in unserer Ganzheit annehmen, können wir wahre innere Heilung erfahren.

Reflexion

Was sind die Eigenschaften oder Seiten an dir, die du nicht gerne wahrnimmst oder die du verurteilst? Schreibe sie auf und frage dich, warum du diese Seiten ablehnst. Was könnte geschehen, wenn du sie annimmst und akzeptierst?

Übung: Schattenseiten annehmen

1. Schreibe drei Eigenschaften oder Verhaltensweisen auf, die du an dir selbst nicht magst.

2. Schreibe neben jede dieser Eigenschaften eine positive oder stärkende Eigenschaft, die diese vermeintliche „Schwäche" mit sich bringen könnte.

3. Lies die Liste und sage dir: „Ich akzeptiere und liebe mich vollständig, so wie ich bin."

Diese Übung hilft dir, Mitgefühl für dich selbst zu entwickeln und die Schattenseiten als Teil deiner Ganzheit zu akzeptieren.

Die Rolle von Selbstliebe in der Heilung

Selbstliebe ist der Motor der inneren Heilung, weil sie uns ermöglicht, uns unseren tiefsten Ängsten und Wunden zuzuwenden. Sie erlaubt uns, die schmerzhaften Gefühle, die wir oft vermeiden, mit Mitgefühl und Geduld zu betrachten. Innere Heilung ist ein Prozess, der viel Zeit und Hingabe verlangt – und Selbstliebe ist die Grundlage, die uns hilft, diesen Weg mit Stärke und Ausdauer zu gehen.

Eine Persönliche Geschichte

Die Heilung einer emotionalen Wunde

Ein tiefes Erlebnis, das mir die heilende Kraft der Selbstliebe zeigte, war ein Moment der Vergebung mir selbst gegenüber. Ich hatte jahrelang eine große Schuld mit mir herumgetragen, weil ich in einer vergangenen Beziehung einen Fehler gemacht hatte, der zur Trennung geführt hatte. Diese Schuld verfolgte mich und gab mir das Gefühl, nicht liebenswert zu sein. Doch eines Tages entschied ich, mir selbst zu vergeben und diese Schuld loszulassen. Ich schrieb einen Brief an mich selbst, in dem ich mir verzieh und mir Trost zusprach. Diese einfache Handlung gab mir ein tiefes Gefühl der Erleichterung und inneren Heilung, und ich erkannte, wie stark Selbstvergebung sein kann.

Reflexion

Gibt es etwas, für das du dir selbst nicht verziehen hast? Was hindert dich daran, dir selbst zu vergeben? Notiere deine Gedanken dazu und erkenne, dass Selbstvergebung ein Akt der Selbstliebe und inneren Heilung ist.

Übung: Der Vergebungsbrief an dich selbst

1. Schreibe einen Brief an dich selbst, in dem du dir für etwas vergibst, dass du dir bisher nicht verziehen hast.

2. Drücke in diesem Brief dein Mitgefühl und Verständnis aus und schreibe dir, warum du jetzt bereit bist, diese Schuld loszulassen.

3. Lies den Brief laut vor und spüre, wie es sich anfühlt, dir selbst zu vergeben und Frieden mit der Vergangenheit zu schließen.

Diese Übung kann dir helfen, emotionale Lasten loszulassen und innere Freiheit zu erlangen.

Selbstmitgefühl im Alltag: Fehler als Lernprozesse erkennen

Selbstliebe bedeutet, uns selbst mit Mitgefühl zu begegnen, besonders dann, wenn wir Fehler machen oder unsicher sind. Fehler sind nicht nur etwas, das es zu vermeiden gilt – sie sind wertvolle Lernprozesse, die uns Wachstum und Einsicht bringen. Selbstmitgefühl hilft uns, Fehler als natürliche Teile des Lebens anzuerkennen und aus ihnen zu lernen, anstatt uns selbst zu verurteilen.

Fallbeispiel: Lernen durch Selbstmitgefühl

Eine meiner Klientinnen, Julia, kam oft zu mir, weil sie sich über ihre eigenen Fehler ärgerte und sich ständig schuldig fühlte, wenn sie etwas „falsch" gemacht hatte. Durch die Praxis des Selbstmitgefühls lernte sie, Fehler als wertvolle Lektionen zu betrachten, die sie nicht minderwertig, sondern menschlich machten. Sie begann, sich bei Fehlern zu fragen: „Was kann ich daraus lernen?" und erkannte, dass diese Fragen sie stärkten und ihr halfen, mehr Selbstvertrauen zu gewinnen.

Übung: Fehler als Lernerfahrung betrachten

1. Denke an einen Fehler, den du kürzlich gemacht hast, und schließe die Augen.

2. Frage dich: „Was kann ich aus dieser Erfahrung lernen?" und schreibe die Lektionen auf.

3. Sage dir selbst: „Ich bin bereit, diese Erfahrung als Chance zu sehen und mich in Liebe anzunehmen."

Diese Übung hilft dir, einen neuen Umgang mit Fehlern zu entwickeln und Selbstmitgefühl zu stärken.

Selbstliebe als tägliche Praxis der Achtsamkeit

Eine regelmäßige Praxis der Selbstliebe bedeutet, achtsam mit unseren Gedanken, Gefühlen und Bedürfnissen umzugehen. Indem wir uns jeden Tag bewusst um uns selbst kümmern, nähren wir unser inneres Wohlbefinden und stärken die Verbindung zu uns selbst.

Die Morgenmeditation der Selbstliebe

Eine Morgenmeditation kann helfen, den Tag mit einem positiven Gefühl der Selbstliebe zu beginnen und eine stärkende Routine zu schaffen.

Übung: Die Morgenmeditation der Selbstliebe

1. Setze dich nach dem Aufwachen bequem hin, schließe die Augen und atme tief ein und aus.

2. Lege deine Hände auf dein Herz und stelle dir vor, dass du dich selbst umarmst.

3. Wiederhole in Gedanken: „Ich liebe und akzeptiere mich so, wie ich bin."

4. Lass dieses Gefühl in dir wachsen und nimm die Selbstliebe in deinen Tag mit.

Diese Meditation hilft dir, den Tag in einem Zustand der inneren Harmonie zu beginnen und Selbstliebe bewusst zu kultivieren.

Ein Tagebuch der Selbstliebe führen

Ein Tagebuch der Selbstliebe ist eine wunderbare Möglichkeit, regelmäßig über deine Erfahrungen mit dir selbst zu reflektieren und positive Entwicklungen festzuhalten.

Übung: Das Tagebuch der Selbstliebe

1. Nimm dir am Ende des Tages ein Notizbuch und schreibe drei Dinge auf, die du heute an dir schätzt oder für die du dir dankbar bist.

2. Reflektiere darüber, wie du dich heute selbst unterstützt und wertgeschätzt hast.

3. Lies regelmäßig deine Einträge, um dir bewusst zu machen, wie deine Selbstliebe wächst.

Diese Übung kann dir helfen, Selbstliebe als festen Bestandteil deines Lebens zu verankern.

Selbstliebe und der Weg zur inneren Freiheit

Selbstliebe führt uns zur inneren Freiheit, weil sie uns hilft, uns von den Meinungen und Erwartungen anderer zu lösen. Wenn wir uns selbst lieben und annehmen, brauchen wir nicht länger die Bestätigung im Außen, sondern finden den Frieden in uns selbst.

Eine Persönliche Geschichte: Die Kraft der inneren Freiheit

Eine meiner tiefsten Erkenntnisse über Selbstliebe kam, als ich merkte, wie sehr ich in meinem Leben nach der Bestätigung anderer gesucht hatte. Ich versuchte ständig, Erwartungen zu erfüllen, und hatte das Gefühl, dass ich „wertvoll" sein müsse, um Anerkennung zu erhalten. Doch durch die Arbeit an meiner Selbstliebe erkannte ich, dass mein Wert unabhängig von der Meinung anderer bestand. Diese Erkenntnis gab mir eine innere Freiheit, die mein Leben nachhaltig veränderte – ich konnte endlich meinen eigenen Weg gehen, ohne mich nach der Meinung anderer zu richten.

Übung: Die innere Freiheit kultivieren

1. Überlege, in welchen Bereichen deines Lebens du noch die Bestätigung anderer suchst.

2. Schreibe dir selbst eine Erklärung, warum du dich selbst so, wie du bist, vollständig akzeptierst und wertschätzt.

3. Lies dir diese Erklärung immer dann durch, wenn du das Gefühl hast, von äußeren Meinungen beeinflusst zu sein.

Diese Übung hilft dir, dich unabhängig von äußeren Bestätigungen zu fühlen und die Kraft der Selbstliebe zu spüren.

Die Herausforderung der Selbstliebe: Der innere Kritiker und seine Transformation

Einer der größten Hindernisse auf dem Weg zur Selbstliebe ist der innere Kritiker, der uns oft erzählt, dass wir nicht „gut genug" sind. Der innere Kritiker ist eine Stimme, die uns verunsichern und kleinhalten will, doch wenn wir lernen, ihn zu verstehen und seine Botschaften zu hinterfragen, können wir diese Energie in Mitgefühl und Selbstliebe umwandeln.

Die Arbeit mit dem inneren Kritiker

Anstatt den inneren Kritiker zu ignorieren oder zu unterdrücken, können wir ihn als einen Teil von uns ansehen, der verstanden und transformiert werden möchte.

Übung: Den inneren Kritiker in Mitgefühl umwandeln

1. Wenn du das nächste Mal eine kritische Stimme in dir hörst, halte kurz inne und frage diese Stimme, was sie dir sagen möchte.

2. Bedanke dich bei der Stimme und frage, wie du diesen Kritikpunkt in Mitgefühl und Selbstunterstützung umwandeln kannst.

3. Formuliere eine positive, mitfühlende Aussage und wiederhole sie in Gedanken.

Diese Übung hilft dir, den inneren Kritiker zu erkennen und zu transformieren, sodass er zu einer Kraft der Selbstliebe wird.

Die heilende Kraft der Selbstliebe: Ein Fazit

Selbstliebe ist die Grundlage für alle Formen der Heilung, weil sie uns erlaubt, uns selbst vollständig und ohne Bedingungen anzunehmen. Sie stärkt unsere Fähigkeit, uns selbst zu vergeben, uns zu akzeptieren und uns mit all unseren Facetten zu lieben. Die Praxis der Selbstliebe ist kein Ziel, das wir irgendwann erreichen – sie ist ein Weg, den wir täglich gehen. Jeder Akt der Selbstliebe bringt uns näher zu unserem wahren Selbst und hilft uns, die Freiheit, den Frieden und die Fülle zu erfahren, die das Leben bereithält.

Abschlussübung: Selbstliebe durch Dankbarkeit vertiefen

1. Schreibe jeden Tag fünf Dinge auf, für die du dir selbst dankbar bist – sei es eine Eigenschaft, eine Handlung oder ein Gedanke.

2. Nimm dir einen Moment, um die Dankbarkeit für dich selbst zu spüren und erkenne, dass du der wichtigste Mensch in deinem Leben bist.

3. Lies regelmäßig die Liste durch und fühle die wachsende Wertschätzung für dich selbst.

Diese Übung unterstützt dich dabei, ein tieferes Gefühl der Selbstliebe zu entwickeln und die heilende Kraft in dein Leben zu bringen.

Kapitel 7: Vergebung als Weg zur Befreiung – Loslassen lernen

Was ist Vergebung wirklich?

Vergebung ist eine der kraftvollsten, aber auch herausfordernsten Praktiken auf dem Weg zur inneren Freiheit. Oft wird sie missverstanden: Vergebung bedeutet nicht, dass wir das Verhalten anderer gutheißen oder die Verantwortung für unseren Schmerz leugnen. Vergebung ist vielmehr ein Akt der Befreiung. Sie erlaubt uns, die emotionale Bindung an vergangene Verletzungen und Groll loszulassen, die uns sonst weiterhin belasten.

Eine Persönliche Geschichte: Mein Weg zur Vergebung

Vergebung war für mich lange Zeit ein fremder und schwer fassbarer Begriff. Jahrelang trug ich einen tiefen Groll gegen einen ehemaligen Freund in mir, der mich betrogen hatte. Dieser Verrat hatte mich tief verletzt und mich mit einem Gefühl der Wut und Enttäuschung zurückgelassen. Lange Zeit versuchte ich, diese Wut zu verdrängen, aber immer wieder kehrte sie in meine Gedanken zurück und hielt mich in einer Art emotionalem Gefängnis fest.

Eines Tages, während einer Meditation, erkannte ich, dass ich die Last dieses Schmerzes selbst aufrechterhielt. Die Wut, die ich gegen diese Person verspürte, schadete letztlich nur mir. Ich entschied, dass ich für mich selbst Vergebung praktizieren wollte, nicht für ihn. Dieser Moment der Vergebung war ein Durchbruch. Es war, als würde ein schwerer Stein von meiner Seele fallen, und zum ersten Mal seit Jahren fühlte ich Frieden.

Reflexion

Gibt es jemanden, dem du bisher nicht vergeben hast? Was hält dich davon ab, loszulassen? Schreibe auf, wie es sich für dich anfühlt, den Schmerz oder den Groll aufrechtzuerhalten, und überlege, welche Veränderungen eine Vergebung für dich bringen könnte.

Die Bedeutung der Vergebung für innere Freiheit

Vergebung befreit uns von der Last der Vergangenheit. Wenn wir an Schmerzen und Groll festhalten, binden wir uns energetisch an vergangene Ereignisse und verhindern, dass wir in Frieden im Hier und Jetzt leben. Vergebung ermöglicht uns, die alten Wunden zu heilen und die emotionale Energie wieder zurückzugewinnen, die wir in die Vergangenheit investiert haben.

Fallbeispiel: Vergebung in einer Familienbeziehung

Ein Klient von mir, Anna, kam zu mir, weil sie schon seit vielen Jahren einen inneren Groll gegen ihre Mutter hegte. Ihre Mutter war in ihrer Kindheit emotional distanziert gewesen und hatte Anna oft das Gefühl gegeben, nicht gut genug zu sein. Dieser

Schmerz hatte Anna geprägt und beeinflusste bis in ihre Gegenwart ihre Beziehungen und ihr Selbstwertgefühl.

Durch unsere Arbeit erkannte Anna, dass der Groll gegen ihre Mutter sie weiterhin belastete und verhinderte, dass sie inneren Frieden fand. Schritt für Schritt begann sie, ihrer Mutter innerlich zu vergeben – nicht, um das Verhalten gutzuheißen, sondern um die Last von ihren Schultern zu nehmen. In einer stillen, tiefen Meditation stellte sie sich vor, wie sie ihre Mutter umarmte und ihr innerlich alles vergab. Diese Praxis half ihr, Frieden zu finden und sich selbst und ihre Mutter als Menschen mit menschlichen Schwächen zu sehen.

Übung: Der innere Akt der Vergebung

1. Schließe die Augen und denke an eine Person, gegen die du einen Groll hegst.

2. Stelle dir vor, dass diese Person vor dir steht und dir in die Augen schaut. Erlaube dir, die Verletzung und die Emotionen, die sie in dir auslöst, zu spüren.

3. Atme tief ein und sage innerlich: „Ich vergebe dir und lasse diesen Schmerz los." Spüre, wie sich dein Körper dabei anfühlt.

Diese Übung kann dir helfen, Vergebung als eine innere Handlung zu erleben, die dir Frieden bringt.

Selbstvergebung: Frieden mit sich selbst schließen

Oftmals ist es schwerer, sich selbst zu vergeben als anderen. Viele von uns tragen Schuldgefühle und Selbstvorwürfe mit sich herum, die wie schwere Lasten auf uns liegen. Selbstvergebung bedeutet, unsere eigenen Fehler zu akzeptieren, uns mit Mitgefühl zu begegnen und die Vergangenheit loszulassen.

Eine Persönliche Geschichte: Der Weg zur Selbstvergebung

Ich erinnere mich an eine Zeit, in der ich mir selbst etwas nicht vergeben konnte. Ich hatte in einer wichtigen Situation eine Entscheidung getroffen, die rückblickend zu negativen Konsequenzen führte. Lange Zeit quälten mich Schuldgefühle, weil ich das Gefühl hatte, dass ich „besser hätte handeln müssen". Dieser Gedanke lastete schwer auf mir, bis ich eines Tages erkannte, dass ich mir selbst vergeben musste, um Frieden zu finden. Ich setzte mich hin, atmete tief ein und wiederholte in Gedanken: „Ich vergebe mir selbst. Ich habe in diesem Moment mein Bestes gegeben." Diese Worte halfen mir, die Last der Schuld loszulassen und wieder in Frieden mit mir selbst zu sein.

Reflexion

Gibt es Entscheidungen oder Fehler in deinem Leben, für die du dir selbst nicht vergeben hast? Welche Gedanken oder Überzeugungen halten dich davon ab, dir selbst zu vergeben? Schreibe auf, was du dir selbst gerne vergeben würdest.

Übung: Die Selbstvergebung praktizieren

1. Schließe die Augen und denke an eine Situation, in der du das Gefühl hast, einen Fehler gemacht zu haben.

2. Lege deine Hand auf dein Herz und sage dir selbst: „Ich vergebe mir für das, was geschehen ist. Ich habe aus dieser Erfahrung gelernt."

3. Spüre die Vergebung in deinem Herzen und lasse die Schuldgefühle los.

Diese Übung kann dir helfen, dir selbst zu vergeben und inneren Frieden zu finden.

Die Kraft der Vergebung im Alltag

Vergebung ist keine einmalige Handlung, sondern eine tägliche Praxis. Jeder Tag bringt neue Situationen, in denen wir Vergebung üben können – sei es für uns selbst oder für andere. Vergebung im Alltag hilft uns, leichter zu leben und die kleinen Belastungen, die sich ansammeln, loszulassen.

Fallbeispiel: Vergebung in alltäglichen Situationen

Ein Klient von mir, Tobias, hatte das Problem, dass er sich leicht über Kleinigkeiten ärgerte. Ob im Straßenverkehr, im Büro oder in der Familie – er ließ sich oft von kleinen Dingen aus der Ruhe bringen und trug diese Ärgernisse den ganzen Tag mit sich herum. Durch die Praxis der täglichen Vergebung lernte er, sich nach solchen Momenten kurz zurückzuziehen und die Situation loszulassen. Dies half ihm, entspannter und gelassener zu sein und sich nicht länger von kleinen Ärgernissen belasten zu lassen.

Übung: Tägliche Vergebungspraxis

1. Am Ende jedes Tages nimm dir fünf Minuten Zeit und schließe die Augen.

2. Denke an alle kleinen Momente, in denen du heute Ärger oder Enttäuschung verspürt hast.

3. Sage dir selbst: „Ich lasse all diese Momente los und vergebe allem, was heute geschehen ist." Spüre, wie der Tag von dir abfällt.

Diese Übung hilft dir, mit einem leichten Herzen zu enden und jeden neuen Tag frisch und unbelastet zu beginnen.

Vergebung in Beziehungen: Die Kraft der Empathie und des Mitgefühls

Vergebung in Beziehungen erfordert oft, die Perspektive des anderen zu verstehen und Empathie zu entwickeln. Wenn wir die Menschen, die uns verletzt haben, als menschliche Wesen mit ihren eigenen Wunden und Schwächen betrachten, wird es leichter, Mitgefühl zu entwickeln und Vergebung zu finden.

Eine Persönliche Geschichte: Vergebung durch Empathie

Ich erinnere mich an eine Freundin, mit der ich einen tiefen Konflikt hatte. Wir hatten beide Dinge gesagt und getan, die uns verletzt hatten, und unsere Freundschaft war für lange Zeit in Gefahr. Doch eines Tages setzte ich mich hin und dachte darüber nach, wie es ihr wohl ergangen war und welche Kämpfe sie möglicherweise in ihrem Leben hatte. Diese Übung der Empathie öffnete mein Herz für Vergebung, und ich erkannte, dass unsere Freundschaft wichtiger war als der Streit. Ich entschied mich, ihr zu vergeben und ihr eine liebevolle Nachricht zu senden, was letztendlich zur Versöhnung führte.

Übung: Die Perspektive des anderen einnehmen

1. Denke an eine Person, mit der du einen Konflikt hattest.

2. Frage dich, was diese Person möglicherweise erlebt hat und was sie vielleicht zu ihrem Verhalten bewegt hat.

3. Versuche, Empathie für diese Person zu entwickeln, und sage dir selbst: „Ich verstehe, dass auch sie ihre Kämpfe hat."

Diese Übung hilft dir, das Herz für Vergebung und Mitgefühl zu öffnen und Beziehungen zu heilen.

Spirituelle Dimension der Vergebung: Loslassen & Vertrauen

Vergebung hat eine tief spirituelle Dimension, die uns mit einem Gefühl des Friedens und der Einheit verbindet. Wenn wir vergeben, erkennen wir, dass wir alle miteinander verbunden sind und dass jede Erfahrung, ob gut oder schlecht, Teil unseres inneren Wachstums ist. Vergebung lehrt uns, das Leben zu akzeptieren, loszulassen und auf den Fluss des Lebens zu vertrauen.

Eine Persönliche Geschichte

Das Vertrauen in die heilende Kraft der Vergebung

Einer der transformierendsten Momente meines Lebens war, als ich lernte, einem früheren Partner zu vergeben, der mich verletzt hatte. Lange Zeit hielt ich an dem Schmerz fest und ließ mich von Wut und Bitterkeit beherrschen. Doch als ich beschloss, loszulassen und zu vergeben, spürte ich eine tiefe Verbindung zum Leben selbst. Ich erkannte, dass diese Erfahrung mir half, innerlich zu wachsen, und ich fühlte ein tiefes Vertrauen, dass das Leben mich immer dorthin führt, wo ich sein soll.

Reflexion

Gibt es eine Situation in deinem Leben, die du bisher nicht loslassen konntest? Was hindert dich daran? Frage dich, wie es wäre, diese Last abzugeben und zu vertrauen, dass das Leben für dich sorgt.

Übung: Loslassen und Vertrauen

1. Denke an eine Situation oder Person, die du bisher nicht loslassen konntest.

2. Atme tief ein und visualisiere, wie du diese Person oder Situation in eine helle, friedliche Energie loslässt.

3. Sage dir: „Ich lasse los und vertraue darauf, dass das Leben mich führt."

Diese Übung hilft dir, Frieden mit der Vergangenheit zu schließen und Vertrauen in den Weg des Lebens zu finden.

Schlussgedanken: Die Freiheit der Vergebung

Vergebung ist der Schlüssel zur Freiheit und ein Akt der Liebe zu uns selbst und zu anderen. Sie befreit uns von der Last der Vergangenheit und öffnet unser Herz für ein neues, freieres Leben. Vergebung bedeutet nicht, alles zu vergessen oder das Verhalten anderer zu rechtfertigen, sondern in Frieden mit uns selbst zu leben.

Möge diese Praxis dir helfen, die Freiheit und den inneren Frieden zu finden, den Vergebung bringen kann, und möge sie dein Herz für ein erfülltes, bewusstes Leben öffnen.

Kapitel 8: Intuition als innere Weisheit – Vertrauen in die innere Stimme

Was ist Intuition? – Eine Einführung in die innere Weisheit

Intuition ist die leise, aber kraftvolle Stimme in uns, die uns unabhängig von rationalem Denken leitet. Sie schenkt uns Erkenntnisse und Impulse, die oft jenseits des Verstandes liegen und uns mit unserem authentischen Selbst und einer tieferen, spirituellen Weisheit verbinden. Intuition geht über das bloße „Bauchgefühl" hinaus – sie ist das innere Wissen, das uns den Weg weist, wenn wir bereit sind, zuzuhören und uns selbst zu vertrauen.

Eine Persönliche Geschichte

Die Entdeckung der Intuition in einer schwierigen Situation

Ich erinnere mich an einen Moment, in dem ich das erste Mal wirklich spürte, wie stark meine Intuition sein kann. Es war in einer persönlichen Krise, als ich kurz davor war, eine Entscheidung zu treffen, die alles in meinem Leben verändern würde. Mein Verstand und die Ratschläge meiner Freunde wiesen mich in eine Richtung, doch tief in mir spürte ich ein sanftes, aber klares Nein. Ich wusste nicht, warum – es machte in keiner Hinsicht Sinn.

Gegen alle Erwartungen entschied ich mich, meiner Intuition zu folgen und nicht den Schritt zu gehen, den alle von mir erwarteten. Im Nachhinein stellte sich heraus, dass genau diese Entscheidung mich auf einen Weg führte, der mich zu tieferem inneren Frieden und Zufriedenheit brachte. Dieser Moment veränderte mein Verständnis von Intuition und zeigte mir, dass es eine innere Weisheit gibt, die oft mehr weiß, als unser Verstand begreifen kann.

Reflexion

Denke an einen Moment, in dem du auf deine Intuition gehört hast, obwohl es gegen die Erwartungen anderer ging. Wie hast du dich gefühlt, als du deine innere Stimme hörtest? Was war das Ergebnis? Diese Reflexion kann dir helfen, Vertrauen in deine Intuition zu entwickeln und zu erkennen, dass sie in schwierigen Situationen eine kraftvolle Unterstützung sein kann.

Die Stimme des Herzens – Intuition als innerer Kompass

Intuition ist häufig die Stimme unseres Herzens, die uns den Weg zu unseren tiefsten Wünschen und Wahrheiten weist. Sie lenkt uns oft zu dem, was uns erfüllt und uns ein Gefühl der Freude und Authentizität bringt, auch wenn der Weg nicht immer der einfachste ist. Die Stimme des Herzens ist oft still und zart, aber wenn wir lernen, ihr Gehör zu schenken, führt sie uns zu einem Leben im Einklang mit unserem wahren Selbst.

Fallbeispiel: Intuition in Beziehungen

Ein Klient von mir, Sophie, kam zu mir, weil sie unsicher war, ob sie ihre langjährige Beziehung fortsetzen sollte. Auf der einen Seite liebte sie ihren Partner und wusste, dass sie eine lange Geschichte miteinander teilten, doch auf der anderen Seite hatte sie ein tiefes Gefühl in sich, dass etwas fehlte. Es war ihre Intuition, die ihr leise zuflüsterte, dass sie sich selbst und ihre Wünsche in der Beziehung nicht mehr authentisch lebte.

In einem Gespräch bat ich Sophie, in Stille zu gehen und ihrer inneren Stimme zu lauschen, ohne den Verstand einzuschalten. Nach einigen Minuten öffnete sie die Augen und sagte mir, dass sie tief in ihrem Herzen wusste, dass die Beziehung für beide nicht mehr stimmte. Sie entschied sich schließlich, das Gespräch mit ihrem Partner zu suchen, und sie trennten sich im Einvernehmen. Im Nachhinein erkannte Sophie, dass diese Entscheidung, so schmerzhaft sie auch war, sie zu mehr Freiheit und persönlichem Wachstum geführt hatte.

Übung: Auf die Stimme des Herzens hören

1. Setze dich in Stille und konzentriere dich auf deinen Atem.

2. Richte deine Aufmerksamkeit auf dein Herz und frage dich: „Was sagt mir mein Herz in Bezug auf diese Situation?"

3. Lasse den Verstand ruhen und achte auf die leisen Impulse oder Gefühle, die aufsteigen.

Diese Übung hilft dir, auf die Weisheit deines Herzens zu hören und Entscheidungen zu treffen, die mit deinem wahren Selbst übereinstimmen.

Die Kraft der Imagination – Intuition durch innere Bilder

Intuition spricht nicht nur durch Gefühle und leise Impulse, sondern oft auch durch innere Bilder und Symbole. Diese inneren Bilder sind wie Botschaften aus unserem Unterbewusstsein, die uns oft tiefergehende Hinweise geben, als es der Verstand kann.

Eine Persönliche Geschichte: Die Bildsprache der Intuition

Ich erinnere mich an eine Zeit, als ich mir in einer schwierigen Lebensphase intuitiv ein Bild vorstellte. In meiner Vorstellung sah ich eine große Tür, die verschlossen war, aber dahinter schimmerte ein warmes Licht. Dieses Bild kam immer wieder in meine Gedanken und schien mir eine Botschaft zu geben, dass eine neue Möglichkeit auf mich wartete, auch wenn ich den Zugang noch nicht fand. Im Laufe der Zeit verstand ich, dass die „Tür" ein Symbol für die neue Richtung in meinem Leben war. Dieses innere Bild stärkte mich und half mir, offen für Veränderungen zu bleiben, bis sich neue Gelegenheiten ergaben.

Übung: Die Bildsprache deiner Intuition entdecken

1. Setze dich an einen ruhigen Ort, schließe die Augen und atme tief ein und aus.

2. Denke an eine Frage oder Situation, bei der du Orientierung brauchst.

3. Erlaube deinem Geist, Bilder, Symbole oder Farben aufsteigen zu lassen, ohne sie zu bewerten oder zu analysieren.

4. Notiere deine Eindrücke und frage dich, welche Bedeutung sie für dich haben könnten.

Diese Übung hilft dir, die Sprache deiner Intuition durch innere Bilder zu entdecken und diese als Wegweiser zu nutzen.

Die Hindernisse für die Intuition – Ängste und limitierende Überzeugungen

Intuition kann durch innere Ängste, Selbstzweifel und tiefsitzende Überzeugungen blockiert werden. Viele von uns haben gelernt, dass nur das analytische Denken wertvoll ist, und neigen dazu, die innere Stimme zu ignorieren. Um Zugang zu unserer Intuition zu erhalten, müssen wir lernen, diese Überzeugungen und Ängste zu erkennen und loszulassen.

Fallbeispiel: Die Angst vor dem Unbekannten überwinden

Ein Klient, Thomas, hatte immer wieder den inneren Impuls, seinen Job zu wechseln und sich beruflich umzuorientieren. Doch seine Ängste und Zweifel hielten ihn davon ab, diesen

Schritt zu wagen. „Was ist, wenn ich scheitere?" oder „Was werden die anderen denken?" waren Gedanken, die ihn immer wieder zurückwarfen.

In unserer Arbeit konzentrierten wir uns darauf, seine Ängste zu entkräften und ihm zu helfen, Vertrauen in seine Intuition aufzubauen. Er begann, kleine Schritte in Richtung seiner neuen beruflichen Ausrichtung zu unternehmen, und mit jedem Schritt wurde sein Vertrauen stärker. Schließlich kündigte er seinen Job und fand in einem neuen Bereich seine wahre Berufung. Seine Intuition hatte ihm von Anfang an den richtigen Weg gezeigt, doch die Angst vor dem Unbekannten war das Hindernis gewesen.

Übung: Ängste und limitierende Überzeugungen loslassen

1. Denke an eine Situation, in der du deine Intuition ignoriert hast, weil Ängste oder Zweifel aufkamen.

2. Schreibe die Ängste und Überzeugungen auf, die dich zurückgehalten haben.

3. Frage dich bei jeder Überzeugung: „Ist diese Überzeugung wirklich wahr?" und „Was könnte geschehen, wenn ich den Mut hätte, meiner Intuition zu vertrauen?"

Diese Übung hilft dir, die blockierenden Überzeugungen und Ängste zu erkennen und zu hinterfragen, um den Zugang zur Intuition zu erleichtern.

Intuition und Entscheidungen – Vertrauen in das Ungewisse

Intuition hilft uns, Entscheidungen zu treffen, auch wenn der Weg unsicher oder unklar ist. Wenn wir lernen, unserer Intuition zu vertrauen, entwickeln wir die Fähigkeit, Entscheidungen aus einer inneren Gewissheit zu treffen, ohne immer genaue Informationen oder logische Argumente zu benötigen.

Eine Persönliche Geschichte

Die Entscheidung aus Intuition und Vertrauen

Ein entscheidender Moment in meinem Leben war, als ich vor der Wahl stand, einen völlig neuen beruflichen Weg einzuschlagen, der auf den ersten Blick riskant erschien. Ich hatte keine Garantie, dass es erfolgreich sein würde, und viele Menschen rieten mir davon ab. Doch in mir war ein tiefes Gefühl des Vertrauens, das mir sagte, dass dies mein Weg war. Ich entschied mich, auf diese innere Stimme zu hören, und fand schließlich eine erfüllende Tätigkeit, die mich weit mehr zufriedenstellte als alles, was ich vorher gemacht hatte.

Reflexion

Gibt es eine Entscheidung in deinem Leben, die du aus reiner Intuition getroffen hast? Was war das Ergebnis, und wie hat sich diese Entscheidung auf dein Leben ausgewirkt? Diese Reflexion hilft dir, die Bedeutung intuitiver Entscheidungen zu erkennen und Vertrauen in das Ungewisse zu entwickeln.

Übung: Die Entscheidung im Einklang mit deiner Intuition treffen

1. Denke an eine bevorstehende Entscheidung und setze dich in Stille.

2. Stelle dir die verschiedenen Optionen vor und achte auf das Gefühl in deinem Körper.

3. Frage dich: „Welche Entscheidung fühlt sich leicht und authentisch an?" und lasse deinen Verstand zur Ruhe kommen.

4. Notiere die Antwort, die aus deiner Intuition kommt, und vertraue darauf, dass dieser Weg der richtige ist.

Diese Übung hilft dir, Entscheidungen auf einer intuitiven Ebene zu treffen und auf die leisen Impulse deiner inneren Weisheit zu hören.

Intuition in allen Lebensbereichen nutzen

Unsere Intuition ist in jedem Bereich des Lebens einsetzbar – sei es in Beziehungen, im Beruf, in der Familie oder in der persönlichen Entwicklung. Indem wir sie bewusst in unseren Alltag integrieren, wird sie zu einem wertvollen Werkzeug, das uns in jeder Situation unterstützt und uns hilft, authentischer und im Einklang mit unserem wahren Selbst zu leben.

Eine Persönliche Geschichte

Die Intuition in zwischenmenschlichen Beziehungen nutzen

Eine der kraftvollsten Anwendungen meiner Intuition habe ich in Beziehungen gefunden. Oft spüre ich intuitiv, was jemand wirklich braucht oder welche Themen unausgesprochen im Raum stehen. Einmal hatte ich das Gefühl, dass ein guter Freund, der immer stark und positiv erschien, innerlich mit etwas Schwerem kämpfte. Statt zu fragen, was los war, hörte ich auf meine Intuition und sprach ihm einfach mein Verständnis und meine Unterstützung aus. Diese offene Geste öffnete ihm den Raum, über seine Sorgen zu sprechen, was zu einer tiefen und bedeutungsvollen Verbindung führte.

Übung: Intuition in Beziehungen anwenden

1. Setze dich in Stille und denke an eine wichtige Person in deinem Leben.

2. Frage dich: „Was braucht diese Person von mir?" und achte auf das erste Gefühl oder den ersten Impuls, der in dir aufsteigt.

3. Handle auf dieser Grundlage und beobachte, wie sich die Verbindung vertieft.

Diese Übung hilft dir, Intuition in Beziehungen bewusst einzusetzen und eine authentische, tiefe Verbindung zu schaffen.

Kapitel 9: Selbstverwirklichung und das Leben in seiner Fülle – Deinen wahren Weg finden

Was ist Selbstverwirklichung?

Selbstverwirklichung ist der Weg, auf dem wir unser wahres Potenzial entfalten und ein Leben im Einklang mit unseren inneren Werten und Sehnsüchten führen. Es geht dabei nicht nur um äußere Erfolge, sondern um die innere Erfüllung, die sich einstellt, wenn wir authentisch leben. Selbstverwirklichung bedeutet, dass wir nicht versuchen, den Erwartungen anderer zu entsprechen, sondern unseren eigenen, einzigartigen Pfad gehen. Sie ist der Prozess, unser Leben so zu gestalten, dass es unseren tiefsten Überzeugungen und Werten entspricht und uns dabei erfüllt.

Eine Persönliche Geschichte

Meine Reise zur Selbstverwirklichung

Lange Zeit glaubte ich, dass Selbstverwirklichung bedeutete, Erfolg in meiner Karriere und Anerkennung von außen zu finden. Ich verfolgte ehrgeizig meine Ziele, schaffte es, in meinem Beruf aufzusteigen und Anerkennung zu gewinnen. Doch tief in mir spürte ich immer wieder eine Leere – eine innere Stimme, die mir sagte, dass mir etwas Wesentliches fehlte.

Eines Tages, nach einer besonders hektischen Woche, nahm ich mir bewusst Zeit, um mich zu fragen: „Ist das wirklich das Leben, das ich führen will?" Diese Frage brachte mich auf den Weg der Selbstreflexion. Ich erkannte, dass Selbstverwirklichung viel tiefer geht als Erfolg und Status. Es geht darum, meine wahren Werte zu leben und meine authentischen Träume zu verfolgen. Nach und nach begann ich, mein Leben neu auszurichten und in Einklang mit meiner inneren Stimme zu leben. Dieser Weg brachte mir mehr Erfüllung, innere Ruhe und Freude, als ich es jemals für möglich gehalten hätte.

Reflexion: Was bedeutet Selbstverwirklichung für dich?

Welche inneren Werte und Wünsche tragen in dir? Notiere dir diese Aspekte und frage dich, ob dein jetziges Leben mit diesen tiefen Wünschen und Werten übereinstimmt.

Die innere Stimme erkennen und den eigenen Weg finden

Ein wesentlicher Schritt zur Selbstverwirklichung ist die Fähigkeit, die innere Stimme zu hören, die uns den Weg weist. Diese Stimme, die oft in Form von Intuition, Wünschen oder Gefühlen zu uns spricht, hilft uns, herauszufinden, was wir wirklich im Leben wollen. Indem wir lernen, dieser Stimme zu folgen, können wir unseren eigenen Weg finden und ein Leben führen, das unseren tiefsten Bedürfnissen entspricht.

Fallbeispiel: Den eigenen Weg im Berufsleben finden

Ein Klient, Thomas, kam zu mir, weil er in seinem Beruf als Anwalt unzufrieden war. Trotz eines sicheren Jobs und einem guten Einkommen fühlte er sich innerlich leer. Er hatte das Gefühl, dass sein Beruf ihn nicht erfüllte, konnte aber nicht genau benennen, was ihm fehlte. In unseren Gesprächen erkundeten wir seine inneren Wünsche und Träume, und nach einigen Wochen erkannte Thomas, dass seine wahre Leidenschaft im kreativen Schreiben lag.

Obwohl es ihn viel Überwindung kostete, entschied er sich, die Anwaltskanzlei zu verlassen und eine Ausbildung zum Schriftsteller zu machen. Diese Entscheidung brachte ihm nicht nur neue berufliche Möglichkeiten, sondern auch ein Gefühl der Authentizität und Erfüllung, das er nie zuvor erlebt hatte. Thomas erkannte, dass sein wahres Potenzial nicht darin lag, die Erwartungen anderer zu erfüllen, sondern seinem eigenen, inneren Ruf zu folgen.

Übung: Deine innere Stimme hören

1. Setze dich an einen ruhigen Ort und schließe die Augen.

2. Denke an eine Entscheidung oder einen Bereich in deinem Leben, bei dem du unsicher bist.

3. Frage dich: „Was ist mein tiefster Wunsch in dieser Situation?"
und achte auf die ersten Gedanken oder Gefühle, die in dir aufsteigen.

4. Notiere dir deine Eindrücke und frage dich, wie du diesen
Wunsch in deinem Leben verwirklichen könntest.

Diese Übung hilft dir, deine innere Stimme wahrzunehmen und
zu erkennen, was dir wirklich wichtig ist.

Hindernisse auf dem Weg zur Selbstverwirklichung – Ängste und Blockaden überwinden

Der Weg zur Selbstverwirklichung ist nicht immer einfach. Oft
stehen uns Ängste und innere Blockaden im Weg, die uns daran
hindern, unsere wahren Wünsche zu verfolgen. Diese Ängste
resultieren oft aus tief sitzenden Überzeugungen und alten Mustern, die uns glauben lassen, dass wir nicht genug sind oder dass
unser Traum nicht möglich ist.

Eine Persönliche Geschichte

Meine Angst vor dem Neuanfang überwinden

Als ich beschloss, mein Leben zu verändern und meinem inneren
Ruf zu folgen, hatte ich mit vielen Ängsten zu kämpfen. Der Gedanke, meine Komfortzone zu verlassen und in ein neues, un-
sicheres Leben aufzubrechen, machte mir große Angst. Fragen

wie „Was, wenn es schiefgeht?" oder „Bin ich gut genug für diesen Weg?" begleiteten mich ständig.

Doch ich erkannte, dass diese Ängste Teil des Wachstumsprozesses waren. Ich begann, ihnen weniger Macht über mich zu geben und sie als Teil meines inneren Lernens zu akzeptieren. Je mehr ich mir selbst erlaubte, auch mit meinen Ängsten meinen eigenen Weg zu gehen, desto stärker wurde mein Vertrauen in mich selbst. Diese Erfahrung lehrte mich, dass Ängste oft wie Prüfungen sind, die wir überwinden müssen, um unser wahres Potenzial zu leben.

Übung: Die Ängste auf dem Weg zur Selbstverwirklichung überwinden

1. Denke an eine Angst, die dich davon abhält, deinen wahren Weg zu gehen.

2. Schreibe diese Angst auf und frage dich: „Was könnte das Schlimmste sein, das passieren könnte?" und „Wie könnte ich diese Situation bewältigen?"

3. Notiere dir, wie du dich fühlen würdest, wenn du diese Angst überwinden würdest und deinen Weg frei gehen könntest.

Diese Übung hilft dir, deine Ängste zu reflektieren und in ihnen weniger ein Hindernis und mehr eine Herausforderung zu sehen, die du überwinden kannst.

Die Rolle der Selbstakzeptanz in der Selbstverwirklichung

Selbstverwirklichung bedeutet, sich selbst in allen Facetten zu akzeptieren – mit Stärken und Schwächen. Wenn wir lernen, uns selbst liebevoll anzunehmen und uns keine perfekten Erwartungen zu stellen, können wir unser Potenzial frei entfalten. Selbstakzeptanz ist ein wichtiger Bestandteil des Weges zur Selbstverwirklichung, denn sie hilft uns, innerlich stark zu sein und den Mut zu finden, uns authentisch zu leben.

Fallbeispiel: Die Kraft der Selbstakzeptanz im Alltag

Ein Klient, Lara, war eine talentierte Künstlerin, die jedoch ständig an sich zweifelte und das Gefühl hatte, nie „gut genug" zu sein. Diese Selbstkritik hinderte sie oft daran, ihre Kunstwerke zu vollenden oder anderen zu zeigen. In unserer Arbeit erkannte sie, dass ihre hohen Ansprüche an sich selbst sie davon abhielten, ihr kreatives Potenzial zu entfalten.

Wir arbeiteten daran, dass Lara lernt, sich selbst zu akzeptieren und ihre Arbeit wertzuschätzen, unabhängig davon, ob sie „perfekt" ist. Mit der Zeit lernte Lara, ihre Kunstwerke mit Freude und ohne Selbstkritik zu schaffen, und sie entwickelte den Mut, ihre Werke mit anderen zu teilen. Diese Erfahrung gab ihr die Freiheit, ihre kreative Seite voll auszuleben und ihren Weg zur Selbstverwirklichung zu gehen.

Übung: Selbstakzeptanz praktizieren

1. Setze dich an einen ruhigen Ort und schließe die Augen.

2. Denke an eine Eigenschaft oder eine Handlung, die du oft an dir kritisierst.

3. Sage dir selbst: „Ich akzeptiere und liebe mich vollständig, so wie ich bin."

4. Atme tief ein und spüre die Wirkung dieser Worte.

Diese Übung hilft dir, mehr Selbstakzeptanz zu entwickeln und die Selbstkritik loszulassen, um dein Potenzial freier zu entfalten.

Visionen und Ziele setzen – Der Weg zur bewussten Selbstverwirklichung

Ein wesentlicher Teil der Selbstverwirklichung ist die Fähigkeit, eine klare Vision für das eigene Leben zu entwickeln. Diese Vision ist wie ein innerer Kompass, der uns zeigt, wohin wir gehen wollen. Wenn wir uns klare Ziele setzen und unsere Vision aktiv verfolgen, können wir unser Leben bewusst gestalten und uns in Richtung unserer tiefsten Wünsche bewegen.

Eine Persönliche Geschichte

Meine Lebensvision als Wegweiser

Nachdem ich mich für den Weg der Selbstverwirklichung ent-
schieden hatte, stellte ich fest, dass es wichtig ist, eine klare
Vision für mein Leben zu entwickeln. Ich nahm mir Zeit, um über
meine Wünsche, Ziele und Werte nachzudenken und stellte mir
vor, wie mein Leben aussehen würde, wenn ich all das verwirk-
liche. Diese Vision half mir, eine klare Richtung zu finden und
mich auf meinem Weg zu konzentrieren, auch wenn es Hindernisse gab.

Übung: Deine Lebensvision entwickeln

1. Nimm dir eine Stunde Zeit und schließe die Augen.

2. Stelle dir vor, dass du ein Leben führst, in dem du vollkommen
erfüllt und glücklich bist.

3. Frage dich: „Wie sieht dieses Leben aus? Welche Werte lebe
ich, welche Ziele habe ich erreicht?"

4. Notiere dir deine Vision und frage dich, welche kleinen Schritte du heute unternehmen kannst, um ihr näherzukommen.

Diese Übung hilft dir, eine klare Vision für deine Selbstverwirklichung zu entwickeln und sie aktiv zu verfolgen.

Selbstverwirklichung als tägliche Praxis – Ein Leben im Einklang mit dem Selbst führen

Selbstverwirklichung ist kein Ziel, das wir einmal erreichen und dann abgeschlossen haben. Sie ist eine tägliche Praxis, die wir in jedem Moment unseres Lebens integrieren können. Indem wir achtsam und authentisch leben, bringen wir unsere tiefsten Werte und Wünsche zum Ausdruck und leben ein Leben, das uns erfüllt.

Fallbeispiel: Die tägliche Praxis der Selbstverwirklichung

Ein Klient, Julia, wollte ihren Weg der Selbstverwirklichung bewusster gestalten. Sie war oft im Stress des Alltags gefangen und hatte das Gefühl, dass sie ihre wahren Bedürfnisse und Wünsche vernachlässigte. Wir entwickelten eine tägliche Praxis für sie, bei der sie jeden Morgen einen Moment der Stille nahm und sich fragte: „Was ist heute mein wahrer Wunsch?" Diese kleine, tägliche Übung half Julia, sich ihrer Wünsche und Bedürfnisse bewusst zu bleiben und sie in ihrem Alltag zu leben.

Übung: Die tägliche Praxis der Selbstverwirklichung

1. Nimm dir jeden Morgen fünf Minuten Zeit und setze dich in Stille.

2. Frage dich: „Was ist heute mein wahrer Wunsch? Wie kann ich heute authentisch und erfüllt leben?"

3. Notiere dir deine Antwort und versuche, diesen Wunsch bewusst in deinen Tag zu integrieren.

Diese Übung hilft dir, jeden Tag im Einklang mit deinem wahren Selbst zu leben und deine Selbstverwirklichung als tägliche Praxis zu gestalten.

Das Geschenk der Selbstverwirklichung – Ein Leben in Fülle und Frieden

Selbstverwirklichung ist das größte Geschenk, das wir uns selbst machen können. Wenn wir unser Leben in Einklang mit unserem inneren Selbst führen und authentisch leben, erfahren wir ein tiefes Gefühl der Fülle und des Friedens. Selbstverwirklichung führt uns zu einem Leben, in dem wir unser Potenzial ausschöpfen und die Freiheit genießen, unsere wahren Wünsche zu leben.

Eine Persönliche Geschichte

Die Freiheit der Selbstverwirklichung erleben

Ich erinnere mich an den Moment, als ich das erste Mal spürte, was es bedeutet, ein Leben in Selbstverwirklichung zu führen. Es war ein Gefühl der Freiheit und des inneren Friedens, das mich erfüllt hat, als ich begann, meinem wahren Weg zu folgen. Dieses Gefühl ist das größte Geschenk, das ich mir selbst gemacht habe, und ich wünsche jedem Menschen, diese Erfahrung der Selbstverwirklichung zu erleben.

Abschlussübung: Die Fülle der Selbstverwirklichung erfahren

1. Denke an einen Bereich deines Lebens, in dem du authentisch und erfüllt lebst.

2. Spüre das Gefühl der Zufriedenheit und des Friedens, das in dir aufsteigt.

3. Frage dich, wie du dieses Gefühl auf andere Bereiche deines Lebens übertragen kannst.

Kapitel 10: Das Leben als bewusste Schöpfung – Verantwortung und Ermächtigung übernehmen

Was bedeutet es, ein bewusstes Leben zu erschaffen?

Ein bewusstes Leben zu erschaffen bedeutet, die Kontrolle über die eigenen Gedanken, Entscheidungen und Handlungen zu übernehmen. Es ist die Erkenntnis, dass wir nicht hilflose Opfer der Umstände sind, sondern aktive Schöpfer unserer Realität. Durch die Übernahme von Verantwortung für unser Leben öffnen wir uns für die Möglichkeit, uns von alten Mustern zu befreien und das Leben zu gestalten, das wir wirklich leben wollen.

Eine Persönliche Geschichte

Mein Weg zur bewussten Schöpfung

Als ich begann, über das Konzept der bewussten Lebensgestaltung zu lernen, war ich zunächst skeptisch. Ich war in dem Glauben aufgewachsen, dass das Leben hauptsächlich durch äußere Umstände bestimmt wird, und dass wir wenig Einfluss darauf haben. Doch mit der Zeit erkannte ich, dass ich mein Leben selbst in der Hand hatte. Ein Schlüsselmoment war, als ich begann, meine eigenen Überzeugungen zu hinterfragen. Warum glaubte ich, dass ich manche Träume nicht verwirklichen konnte? Warum nahm ich an, dass Erfolg oder Erfüllung nur für andere möglich war? Durch die Arbeit an diesen Glaubenssätzen stellte ich fest, dass viele meiner bisherigen Begrenzungen nur in meinem Kopf existierten. Diese Erkenntnis eröffnete mir die

Freiheit, mein Leben auf eine völlig neue Weise zu betrachten und zu gestalten.

Reflexion

Denke über die Bereiche in deinem Leben nach, in denen du das Gefühl hast, keine Kontrolle zu haben. Was sind deine Überzeugungen in diesen Bereichen? Was würde sich ändern, wenn du die volle Verantwortung über diese Aspekte übernimmst?

Die Macht der Gedanken und Glaubenssätze erkennen

Unsere Gedanken und Glaubenssätze spielen eine zentrale Rolle in der Schaffung unserer Realität. Die Art und Weise, wie wir über uns selbst, andere Menschen und das Leben denken, beeinflusst unsere Entscheidungen und prägt das Leben, das wir führen. Wenn wir lernen, unsere Gedanken bewusst zu lenken und uns von negativen Glaubenssätzen zu befreien, können wir unser Leben in eine positive Richtung verändern.

Fallbeispiel: Die Kraft der Glaubenssätze

Ein Klient von mir, Clara, war überzeugt davon, dass sie beruflich nie erfolgreich sein könnte, weil sie von Natur aus „nicht gut genug" sei. Diese Überzeugung war tief in ihr verwurzelt und beeinflusste ihre Handlungen und Entscheidungen im Beruf. Sie hielt sich zurück, traute sich keine großen Projekte zu und vermied es, Verantwortung zu übernehmen. Durch unsere gemeinsame Arbeit erkannte Clara, dass dieser Glaubenssatz aus ihrer Kindheit stammte und nicht die Wahrheit über ihre Fähigkeiten widerspiegelte. Schritt für Schritt entwickelte sie neue, stärkende Überzeugungen und begann, ihre Talente selbstbewusst einzusetzen. Diese Veränderung führte schließlich zu mehr beruflichem Erfolg und Zufriedenheit.

Übung: Glaubenssätze auflösen

1. Schreibe einen limitierenden Glaubenssatz auf, der dich daran hindert, dein Leben in Fülle zu leben.

2. Frage dich: „Woher stammt dieser Glaubenssatz?" und „Ist er wirklich wahr?"

3. Formuliere einen neuen, positiven Glaubenssatz, der dich in deinem Potenzial stärkt, und wiederhole ihn täglich.

Diese Übung hilft dir, die Macht deiner Gedanken zu erkennen und limitierende Überzeugungen durch positive zu ersetzen.

Die Rolle der Verantwortung – Vom Opfer zum Schöpfer

Eigenverantwortung zu übernehmen bedeutet, die volle Verantwortung für das eigene Leben zu tragen, ohne anderen oder äußeren Umständen die Schuld zu geben. Es ist der Schritt vom Opferbewusstsein zum Schöpferbewusstsein, bei dem wir uns als die Gestalter unseres Lebens begreifen. Dieser Wechsel in der Perspektive ist befreiend und ermächtigend, weil wir erkennen, dass wir die Macht haben, das Leben zu gestalten, das wir uns wünschen.

Eine Persönliche Geschichte: Verantwortung übernehmen

In meinem eigenen Leben hatte ich oft die Tendenz, anderen die Schuld für meine Umstände zu geben – seien es schwierige Kollegen, die „falsche" Stadt oder äußere Herausforderungen. Doch ich erkannte, dass ich mich durch diese Haltung in einem Opferbewusstsein festhielt und die Kontrolle über mein Leben abgab. Ein Schlüsselmoment war, als ich mich bewusst dazu entschloss, die volle Verantwortung für meine Situation zu übernehmen. Ich begann, mich zu fragen, welche Schritte ich unternehmen konnte, um meine Lage zu verbessern, anstatt die Schuld im Außen zu suchen. Diese Entscheidung war befreiend und brachte mir ein Gefühl der inneren Stärke und Unabhängigkeit.

Übung: Die Verantwortung übernehmen

1. Denke an eine Situation, in der du dich als Opfer der Umstände fühlst.

2. Frage dich: „Welche Rolle spiele ich in dieser Situation? Was könnte ich tun, um die Verantwortung zu übernehmen und die Situation zu verbessern?"

3. Notiere dir konkrete Schritte, die du unternehmen kannst, um die Kontrolle über diese Situation zu gewinnen.

Diese Übung hilft dir, das Opferbewusstsein zu verlassen und dich als Schöpfer deines Lebens zu sehen.

Manifestation und bewusste Lebensgestaltung

Manifestation ist die Fähigkeit, eine klare Vision für das eigene Leben zu entwickeln und sie durch Gedanken, Gefühle und Handlungen in die Realität umzusetzen. Indem wir unsere Wünsche und Ziele bewusst visualisieren und uns auf sie fokussieren, schaffen wir eine energetische Grundlage, die uns dabei unterstützt, das Leben zu gestalten, das wir uns wünschen.

Fallbeispiel: Die Macht der Visualisierung

Ein Klient von mir, Lisa, hatte den Wunsch, ihr eigenes Geschäft zu eröffnen, fühlte sich jedoch durch Ängste und Unsicherheiten blockiert. Gemeinsam arbeiteten wir an einer klaren Vision für ihr Leben und ihr Geschäft. Lisa stellte sich täglich vor, wie sie in ihrem eigenen Laden stand, Kunden begrüßte und ihre Produkte präsentierte. Diese tägliche Visualisierung half ihr, innere Blockaden zu lösen und ihre Ziele konkret zu verfolgen. Ein Jahr später eröffnete Lisa ihr Geschäft und erzählte mir, dass die Kraft der Visualisierung ihr geholfen hatte, an ihrem Traum festzuhalten und sich von Zweifeln zu befreien.

Übung: Die Vision deines Lebens manifestieren

1. Setze dich an einen ruhigen Ort und schließe die Augen.

2. Stelle dir in allen Details vor, wie dein Leben aussieht, wenn du es in voller Erfüllung lebst.

3. Spüre die Gefühle der Freude und Zufriedenheit, die du in diesem Leben erlebst, und verankere sie in dir.

4. Notiere deine Vision und wiederhole diese Visualisierungsübung regelmäßig.

Diese Übung hilft dir, eine klare Vision für dein Leben zu entwickeln und sie mit positiver Energie zu stärken.

Hindernisse und innere Blockaden erkennen und überwinden

Auf dem Weg zur bewussten Lebensgestaltung stoßen wir oft auf innere Blockaden, die uns davon abhalten, unser volles Potenzial zu leben. Diese Blockaden können aus Angst, Selbstzweifeln oder alten Erfahrungen stammen und müssen erkannt und aufgelöst werden, um die innere Freiheit und Kraft zur Schöpfung zu finden.

Eine Persönliche Geschichte: Innere Blockaden lösen

Als ich mich entschied, mein Leben bewusster zu gestalten, begegnete ich vielen Blockaden, die mich daran hinderten, meine Träume zu verwirklichen. Ich hatte das Gefühl, nicht „gut genug" zu sein, und zweifelte oft an meiner eigenen Kraft und Fähigkeit. Doch durch Reflexion und Arbeit an meinen Glaubenssätzen gelang es mir, diese Blockaden Schritt für Schritt zu lösen. Ich lernte, meine Selbstzweifel zu hinterfragen und mich von ihnen zu befreien, um meine wahre innere Stärke zu entdecken.

Übung: Innere Blockaden auflösen

1. Denke an eine Blockade, die dich daran hindert, dein volles Potenzial zu leben.

2. Schreibe auf, was dich zurückhält, und frage dich: „Ist das wirklich wahr?" und „Wie könnte ich diese Blockade überwinden?"

3. Notiere dir einen kleinen Schritt, den du heute unternehmen kannnst, um dich dieser Blockade zu stellen.

Diese Übung hilft dir, innere Blockaden zu erkennen und einen konkreten Weg zur Überwindung zu finden.

Dankbarkeit und die Kraft der positiven Schwingung

Dankbarkeit ist eine der kraftvollsten Methoden, um eine positive und erfüllte Lebensweise zu kultivieren. Wenn wir dankbar sind für das, was wir haben, lenken wir unsere Energie auf das Positive und öffnen uns für weitere Fülle. Dankbarkeit hilft uns, die Schönheit des Lebens zu erkennen und das Vertrauen in den Prozess des Lebens zu stärken.

Fallbeispiel: Die positive Wirkung von Dankbarkeit

Eine Klientin, Michael, war oft auf seine Probleme und Mängel fixiert und fühlte sich dadurch unglücklich und unzufrieden. Gemeinsam entwickelten wir eine Dankbarkeitspraxis, bei der er jeden Tag drei Dinge aufschrieb, für die er dankbar war. Diese einfache Übung veränderte seine Perspektive grundlegend – er begann, mehr Positives in seinem Leben wahrzunehmen und wurde insgesamt zufriedener und gelassener.

Übung: Die Kraft der Dankbarkeit

1. Nimm dir jeden Abend fünf Minuten Zeit, um drei Dinge aufzuschreiben, für die du dankbar bist.

2. Versuche, dich dabei auf kleine, alltägliche Dinge zu konzentrieren.

3. Spüre die Dankbarkeit in dir und lasse sie sich in deinem ganzen Körper ausbreiten.

Diese Übung hilft dir, eine positive Lebensweise zu entwickeln und die Kraft der Dankbarkeit in deinem Alltag zu integrieren.

Die Ermächtigung durch bewusste Entscheidungen

Jede Entscheidung, die wir treffen, bringt uns entweder näher zu unserem authentischen Selbst oder entfernt uns davon. Bewusste Entscheidungen sind der Schlüssel zur Ermächtigung und zu einem Leben in Übereinstimmung mit unseren wahren Werten und Zielen. Indem wir lernen, unsere Entscheidungen bewusst zu treffen, gewinnen wir die Kontrolle über unser Leben und stärken unser Selbstvertrauen.

Eine Persönliche Geschichte

Die Kraft der bewussten Entscheidungen

Ein entscheidender Moment auf meinem Weg war, als ich beschloss, nicht länger Entscheidungen aus Angst oder Unsicherheit zu treffen, sondern mich bewusst für das zu entscheiden, was mir wirklich wichtig war. Diese Entscheidung war anfangs schwierig, aber sie führte mich zu einem Gefühl der inneren Stärke und Klarheit. Ich erkannte, dass jede Entscheidung, die ich aus einer bewussten Wahl heraus traf, mich mehr zu mir selbst brachte.

Übung: Bewusste Entscheidungen treffen

1. Denke an eine Entscheidung, die du treffen musst, und schließe die Augen.

2. Frage dich: „Was entspricht meinem wahren Selbst und meinen Werten?"

3. Triff deine Entscheidung bewusst und achte darauf, wie sich diese Wahl in dir anfühlt.

Diese Übung hilft dir, Entscheidungen bewusst und aus deinem Inneren heraus zu treffen und so deine Ermächtigung zu stärken.

Schlussgedanken: Das Leben als Schöpfung

Ein bewusstes Leben zu führen und sich als Schöpfer zu erkennen, ist ein Prozess, der uns in jeder Lebenslage bereichert und stärkt. Indem wir Verantwortung für unser Leben übernehmen, innere Blockaden lösen und unsere Träume und Wünsche bewusst manifestieren, gestalten wir unser Leben in Fülle und Freude. Möge dieses Kapitel dir helfen, die Macht der bewussten Schöpfung zu nutzen und die Freiheit und Erfüllung zu finden, die in dir liegen.

Kapitel 11: Spiritualität im Alltag – Tiefe Verbundenheit und inneren Frieden

Was bedeutet Spiritualität im Alltag?

Spiritualität im Alltag ist nicht nur das Praktizieren von Meditation oder das Lesen spiritueller Texte. Sie ist eine Lebensweise, die uns erlaubt, im Hier und Jetzt zu sein, bewusst zu handeln und eine tiefe Verbindung zu uns selbst und allem Lebendigen zu spüren. Alltags-Spiritualität bedeutet, die kleinen Momente des Lebens wertzuschätzen und den inneren Frieden auch inmitten von Herausforderungen zu bewahren. Sie ist eine innere Haltung, die es uns ermöglicht, das Leben mit Klarheit und Mitgefühl zu sehen und den tiefen Sinn und die Schönheit in allem zu entdecken.

Eine Persönliche Geschichte

Der erste Schritt zur Alltags-Spiritualität

Ich erinnere mich an eine Zeit, als ich Spiritualität als etwas verstand, das nur in stillen, abgeschiedenen Momenten existierte – in der Meditation oder auf spirituellen Seminaren. Doch inmitten der Hektik des Alltags verlor ich oft diesen Zugang und fühlte mich wieder gestresst und unruhig. Eines Tages fragte ich mich, ob es nicht möglich sei, diesen inneren Frieden auch in den einfachen Tätigkeiten des Lebens zu finden. Ich begann, bewusst auf meine Atmung zu achten, während ich im Supermarkt wartete, oder Dankbarkeit zu fühlen, wenn ich mein Essen zubereitete. Diese einfachen Praktiken halfen mir, eine neue Form der Spiritualität zu entwickeln, die mich durch jeden Moment des Tages begleitet.

Reflexion: Was bedeutet Spiritualität für dich?

Wo findest du bisher Momente des inneren Friedens und der Verbundenheit? Notiere dir diese Gedanken und überlege, wie du sie in deinen Alltag integrieren könntest.

Die Kraft der Achtsamkeit – Im Hier und Jetzt leben

Achtsamkeit ist ein Schlüssel zur Spiritualität im Alltag. Wenn wir bewusst im gegenwärtigen Moment leben, öffnen wir uns für die Schönheit und Tiefe des Lebens, die oft in den einfachen Dingen zu finden ist. Achtsamkeit bedeutet, die Gedanken loszulassen und uns vollständig auf das Hier und Jetzt einzulassen – sei es beim Gehen, Atmen oder in Gesprächen mit anderen Menschen.

Fallbeispiel: Achtsamkeit im Alltag kultivieren

Ein Klient, Johanna, kam zu mir, weil sie sich oft gestresst und überfordert fühlte. Sie hetzte von einer Aufgabe zur nächsten und fühlte sich wie in einem Hamsterrad. Gemeinsam begannen wir eine Achtsamkeitspraxis, bei der Johanna jeden Tag fünf Minuten nahm, um sich einfach auf ihren Atem zu konzentrieren. Nach einigen Wochen erzählte sie mir, dass sie sich ruhiger und ausgeglichener fühlte und dass die Momente der

Achtsamkeit ihr halfen, mehr im Hier und Jetzt zu sein. Diese Praxis brachte ihr nicht nur inneren Frieden, sondern auch eine neue Wertschätzung für die kleinen, alltäglichen Augenblicke.

Übung: Achtsamkeit in den Alltag integrieren

1. Wähle eine alltägliche Tätigkeit, wie das Zähneputzen oder das Trinken von Wasser.

2. Nimm diese Tätigkeit bewusst wahr, ohne dich abzulenken oder an etwas anderes zu denken.

3. Achte auf die Empfindungen in deinem Körper, die Bewegungen und den Geschmack.

4. Versuche, jeden Tag eine andere Aktivität achtsam auszuführen.

Diese Übung hilft dir, den gegenwärtigen Moment zu erleben und die Kraft der Achtsamkeit in den Alltag zu bringen.

Die Verbindung zur Natur – Spiritualität in der natürlichen Welt finden

Die Natur ist eine wunderbare Quelle der Spiritualität. Wenn wir Zeit in der Natur verbringen und bewusst auf unsere Umgebung achten, können wir eine tiefe Verbindung zu allem Lebendigen und zu uns selbst erleben. Diese Verbindung zur Natur öffnet uns für die Schönheit und die Harmonie des Lebens und bringt uns zu einem Gefühl der Einheit und des inneren Friedens.

Eine Persönliche Geschichte: Die spirituelle Kraft der Natur

Während einer besonders stressigen Zeit in meinem Leben beschloss ich, einen Tag in einem nahegelegenen Wald zu verbringen. Ich setzte mich unter einen Baum, schloss die Augen und lauschte den Geräuschen des Waldes. Die Stimmen der Vögel, das Rauschen des Windes und der Duft der Bäume beruhigten meinen Geist und öffneten mein Herz für die Schönheit der Natur. In diesem Moment fühlte ich eine tiefe Verbindung zu allem Lebendigen und spürte, dass ich Teil eines größeren Ganzen war. Dieser Tag lehrte mich, dass die Natur eine spirituelle Kraft besitzt, die uns zu uns selbst zurückführt.

Übung: Die Verbindung zur Natur erfahren

1. Suche dir einen ruhigen Ort in der Natur – einen Park, einen Wald oder eine Wiese.

2. Setze dich hin, schließe die Augen und atme tief ein und aus.

3. Nimm die Geräusche, Gerüche und Empfindungen um dich herum wahr, ohne zu denken oder zu bewerten.

4. Spüre die Verbindung zur Natur und das Gefühl, Teil des Ganzen zu sein.

Diese Übung hilft dir, die spirituelle Kraft der Natur zu erleben und dich mit der Welt um dich herum verbunden zu fühlen.

Dankbarkeit als spirituelle Praxis – Die Schönheit im Alltag

Dankbarkeit ist eine kraftvolle spirituelle Praxis, die uns dabei hilft, die Schönheit und Fülle im Leben zu erkennen. Wenn wir dankbar sind, richten wir unsere Aufmerksamkeit auf das Positive und öffnen uns für die Geschenke, die das Leben uns bietet. Dankbarkeit ist eine Haltung des Herzens, die uns dabei unterstützt, die Fülle und die Liebe im Leben zu spüren.

Fallbeispiel: Dankbarkeit in herausfordernden Zeiten

Eine Klientin, Paul, erlebte eine schwierige Zeit nach dem Verlust seines Arbeitsplatzes und kämpfte mit negativen Gedanken. Um ihm zu helfen, eine positive Perspektive zu finden, führten wir eine Dankbarkeitspraxis ein, bei der er jeden Abend drei Dinge aufschrieb, für die er dankbar war – selbst in dieser schwierigen Situation. Nach einigen Wochen bemerkte Paul, dass er eine Veränderung in seiner Wahrnehmung verspürte. Er begann, die kleinen, positiven Momente des Tages mehr zu schätzen und spürte eine innere Ruhe, die ihm half, mit den Herausforderungen besser umzugehen.

Übung: Dankbarkeit als tägliche Praxis

1. Nimm dir jeden Abend fünf Minuten Zeit, um drei Dinge aufzuschreiben, für die du an diesem Tag dankbar bist.

2. Fühle die Dankbarkeit in deinem Herzen und lasse dieses Gefühl sich in deinem ganzen Körper ausbreiten.

3. Versuche, die Übung jeden Tag zu wiederholen und beobachte, wie sich deine Wahrnehmung verändert.

Diese Übung hilft dir, eine Haltung der Dankbarkeit zu entwickeln und die Fülle im Alltag zu erkennen.

Spiritualität in zwischenmenschlichen Beziehungen – Authentische Verbindungen schaffen

Spirituelle Verbundenheit in Beziehungen bedeutet, anderen Menschen mit Mitgefühl, Verständnis und authentischem Interesse zu begegnen. Wenn wir lernen, in Beziehungen achtsam und respektvoll zu kommunizieren, schaffen wir tiefe Verbindungen, die uns nähren und bereichern. Spirituelle Beziehungen sind geprägt von gegenseitigem Respekt und der Bereitschaft, den anderen so anzunehmen, wie er ist.

Persönliche Geschichte

Die Kraft der authentischen Verbindung

Ein prägender Moment in meinem Leben war, als ich in einem schwierigen Gespräch mit einem Freund beschloss, mich nicht von meinem Ego leiten zu lassen, sondern ihm mit offenem Herzen zuzuhören. Anstatt zu urteilen oder meine Meinung durchzusetzen, versuchte ich, ihn wirklich zu verstehen und ihm Raum für seine Gefühle zu geben. Diese Haltung der Offenheit führte zu einem tieferen Verständnis zwischen uns und einer spirituellen Verbundenheit, die ich in keiner anderen Beziehung zuvor gespürt hatte. Ich erkannte, dass wahre spirituelle Verbindungen entstehen, wenn wir uns erlauben, authentisch und verletzlich zu sein.

Übung: Authentische Verbindung in Beziehungen fördern

1. Wähle eine Person in deinem Leben, mit der du eine tiefere Verbindung schaffen möchtest.

2. Nimm dir Zeit, um ihr bewusst zuzuhören, ohne zu urteilen oder sofort zu antworten.

3. Frage dich, wie du diese Person aus einem offenen, mitfühlenden Herzen heraus sehen und verstehen kannst.

4. Versuche, diese Haltung in Gesprächen zu wiederholen und zu beobachten, wie sich die Beziehung vertieft.

Diese Übung hilft dir, eine spirituelle Verbindung in Beziehungen zu entwickeln und authentische Verbindungen zu schaffen.

Innerer Frieden durch Loslassen und Akzeptanz finden

Ein wesentlicher Aspekt der Spiritualität ist die Fähigkeit, das Leben zu akzeptieren, wie es ist, und die Dinge loszulassen, die wir nicht kontrollieren können. Wenn wir lernen, mit den Höhen und Tiefen des Lebens in Frieden zu sein, finden wir inneren Frieden und Gelassenheit. Akzeptanz bedeutet, das Leben in seiner Fülle zu erleben, ohne an Wünschen oder Ängsten festzuhalten.

Fallbeispiel: Die Kraft des Loslassens

Ein Klient, Susanne, hatte Schwierigkeiten, eine vergangene Beziehung loszulassen und hielt an dem Wunsch fest, dass die Dinge anders hätten verlaufen sollen. Sie war gefangen in Schuldgefühlen und Bedauern, die sie daran hinderten, nach vorne zu schauen. Durch unsere Arbeit lernte Susanne, die Situation zu akzeptieren und loszulassen. Sie erkannte, dass das Festhalten an der Vergangenheit ihr nur Schmerz brachte und dass sie die Freiheit finden konnte, wenn sie bereit war, die Vergangenheit ruhen zu lassen.

Übung: Loslassen und inneren Frieden finden

1. Denke an eine Situation oder eine Person, die du bisher nicht loslassen konntest.

2. Schließe die Augen und atme tief ein und aus.

3. Visualisiere, wie du diese Person oder Situation in eine helle, heilende Energie loslässt.

4. Sage dir selbst: „Ich akzeptiere das Leben so, wie es ist, und finde Frieden im Loslassen."

Diese Übung hilft dir, inneren Frieden durch Akzeptanz und Loslassen zu finden.

Die Spiritualität als tägliche Praxis – Ein erfülltes Leben führen

Spiritualität im Alltag zu leben bedeutet, jeden Tag bewusst zu gestalten und die kleinen Augenblicke des Lebens zu genießen. Indem wir uns auf das Wesentliche konzentrieren, Mitgefühl üben und die Schönheit in den einfachen Dingen sehen, führen wir ein Leben in spiritueller Fülle und innerem Frieden.

Eine Persönliche Geschichte

Spiritualität in den Alltag integrieren

Ein entscheidender Moment für mich war, als ich erkannte, dass Spiritualität kein außergewöhnlicher Zustand ist, sondern in jedem Augenblick des Lebens gefunden werden kann. Durch bewusste Achtsamkeit und Dankbarkeit begann ich, die spirituelle

Tiefe in den kleinen Momenten zu finden – beim Kochen, beim Lächeln eines Fremden oder beim Anblick eines Sonnenuntergangs. Diese Erkenntnis brachte mir eine neue Sichtweise auf das Leben und eine innere Ruhe, die mich auch in schwierigen Zeiten begleitet.

Abschlussübung: Die Spiritualität im Alltag entdecken

1. Setze dir jeden Tag die Absicht, einen Moment der Spiritualität in deinem Alltag zu finden.

2. Nimm diese Momente bewusst wahr – sei es das Lächeln eines Fremden, die Schönheit der Natur oder ein Gefühl der Dankbarkeit.

3. Notiere dir jeden Abend den Moment, in dem du an diesem Tag Spiritualität im Alltag erfahren hast.

Diese Übung hilft dir, die spirituelle Schönheit im Alltag zu entdecken und ein Leben in Fülle und Frieden zu führen.

Kapitel 12: Erfüllung und Lebenssinn finden – Die eigene Mission leben

Was bedeutet es, eine Mission im Leben zu haben?

Eine Lebensmission ist mehr als ein Ziel oder ein Traum; sie ist das tiefe Bedürfnis, unser innerstes Wesen zum Ausdruck zu bringen und unserem Dasein eine Bedeutung zu geben. Eine Mission zu haben bedeutet, zu wissen, warum wir hier sind und welchen positiven Beitrag wir zur Welt leisten möchten. Sie gibt unserem Leben Sinn und führt uns zu tiefer Erfüllung, da wir spüren, dass unsere Handlungen und Entscheidungen einen größeren Zweck erfüllen.

Eine Persönliche Geschichte: Der Weg zur eigenen Mission

In meinem eigenen Leben begann die Suche nach meiner Mission in einem Moment der Verzweiflung. Obwohl ich beruflich erfolgreich war und mich nach außen hin erfüllt zeigte, spürte ich eine tiefe innere Leere. Ich wusste nicht, was mir fehlte, aber ich wusste, dass mein Leben nicht in Einklang mit meinem wahren Selbst war. Also begann ich, tief in mich hineinzulauschen und mich zu fragen, was mich wirklich bewegt und erfüllt.

Es war ein langer Prozess der Selbstentdeckung, doch eines Tages erkannte ich, dass mein größter Wunsch darin bestand, anderen Menschen zu helfen, ihren eigenen Weg zu finden. Dieses Wissen veränderte mein Leben, weil ich nun einen klaren inneren Kompass hatte, der mich in allem, was ich tat, leitete. Meine Mission wurde zur Grundlage meiner Entscheidungen und half mir, meinen eigenen Sinn im Leben zu finden.

Reflexion

Was bewegt dich zutiefst? Gibt es Themen oder Wünsche, die dich immer wieder faszinieren und dir das Gefühl geben, dass sie dir wichtig sind? Notiere dir diese Gedanken und überlege, wie sie mit deiner Lebensmission in Verbindung stehen könnten.

Die Berufung finden – Was deine Seele zum Ausdruck bringen möchte

Die eigene Berufung zu finden bedeutet, auf die Wünsche und Sehnsüchte der Seele zu hören und sie im Alltag zum Ausdruck zu bringen. Unsere Berufung ist oft etwas, das uns Freude, Energie und Inspiration gibt – etwas, das uns auch durch schwierige Zeiten trägt. Es ist der Ausdruck dessen, was uns einzigartig macht und was wir der Welt geben möchten.

Fallbeispiel: Die Berufung in kleinen Schritten entdecken

Ein Klient von mir, Nina, kam zu mir, weil sie das Gefühl hatte, in ihrem Leben „festzustecken". Sie hatte das Gefühl, dass ihr Alltag ohne Erfüllung war und dass sie ihre wahre Berufung noch nicht gefunden hatte. Gemeinsam arbeiteten wir daran, herauszufinden, was sie inspiriert und was ihre Seele zum Ausdruck bringen möchte. Sie begann, jeden Tag kleine Schritte zu unternehmen, die sie ihrer Berufung näherbrachten – zum Beispiel malte sie, schrieb kurze Texte oder nahm sich bewusst Zeit für Aktivitäten, die ihr Freude bereiteten.

Nach einigen Monaten entdeckte Nina, dass sie ihre Berufung im künstlerischen Ausdruck fand. Sie begann, ihre Kunstwerke mit anderen zu teilen und entschied sich schließlich, ihre Leidenschaft zur Berufung zu machen. Dieser Schritt brachte ihr nicht nur beruflichen Erfolg, sondern auch eine tiefe innere Erfüllung, weil sie wusste, dass sie ihrem Herzen folgte.

Übung: Die eigene Berufung entdecken

1. Setze dich an einen ruhigen Ort und frage dich: „Was erfüllt mich zutiefst? Wofür könnte ich stundenlang brennen, ohne dass es sich wie Arbeit anfühlt?"

2. Notiere dir alle Aktivitäten, Themen oder Ideen, die dir Freude bereiten und dich inspirieren.

3. Beginne, jeden Tag eine kleine Handlung in Richtung dieser Interessen zu unternehmen und beobachte, wie sie dein Leben bereichern.

Diese Übung hilft dir, die innere Freude zu entdecken, die oft ein Hinweis auf deine wahre Berufung ist.

Hindernisse auf dem Weg zur Erfüllung – Ängste und Zweifel überwinden

Der Weg zur Erfüllung ist oft mit Ängsten und Selbstzweifeln verbunden. Viele von uns haben tief verankerte Glaubenssätze, die uns davon abhalten, unseren eigenen Weg zu gehen. Diese Ängste stammen häufig aus dem Bedürfnis nach Sicherheit und der Angst vor Ablehnung oder Versagen. Doch wenn wir lernen, uns diesen Ängsten zu stellen, öffnen wir uns für die Möglichkeit, unsere wahre Erfüllung zu finden.

Eine Persönliche Geschichte

Der Kampf mit den Selbstzweifeln

Als ich begann, meiner eigenen Mission zu folgen, hatte ich große Ängste und Selbstzweifel. Die Stimmen in meinem Kopf sagten mir, dass ich nicht gut genug sei und dass es sicherer wäre, bei dem zu bleiben, was ich kannte. Doch ich erkannte, dass diese Ängste und Zweifel nur in meinem Kopf existierten und nichts mit meinem wahren Potenzial zu tun hatten. Es war ein langsamer Prozess, doch ich lernte, mich diesen Ängsten zu stellen und meine Mission zu leben, trotz der Zweifel. Heute bin ich dankbar, dass ich den Mut hatte, meinen Weg zu gehen, denn es brachte mir eine Erfüllung, die ich mir vorher nie hätte vorstellen können.

Übung: Ängste und Selbstzweifel überwinden

1. Denke an eine Angst oder einen Zweifel, der dich daran hindert, deiner Mission zu folgen.

2. Schreibe diese Angst auf und frage dich: „Ist diese Angst wirklich wahr? Was könnte ich tun, um diese Angst zu überwinden?"

3. Visualisiere, wie du diese Angst loslässt und deinen Weg frei und ohne Begrenzungen gehst.

Diese Übung hilft dir, deine Ängste und Selbstzweifel zu reflektieren und mutig deinen eigenen Weg zur Erfüllung zu gehen.

Den eigenen Beitrag zur Welt erkennen – Die Kraft des Dienens

Erfüllung bedeutet oft, anderen zu dienen und einen positiven Einfluss auf die Welt zu haben. Wenn wir unseren eigenen Beitrag zur Welt erkennen, spüren wir eine tiefe Verbundenheit und erleben eine Erfüllung, die weit über den eigenen Erfolg hinausgeht. Das Gefühl, Teil von etwas Größerem zu sein und die Welt durch unsere Handlungen zu bereichern, schenkt uns innere Zufriedenheit und Lebensfreude.

Fallbeispiel: Den eigenen Beitrag entdecken

Ein Klient von mir, Lukas, war lange Zeit unzufrieden mit seiner Arbeit, weil er das Gefühl hatte, dass sie keinen wirklichen Unterschied machte. Er wollte etwas tun, das anderen Menschen half und ihm das Gefühl gab, eine positive Wirkung zu haben. Gemeinsam arbeiteten wir daran, seine Werte und Wünsche zu erforschen, und er entdeckte, dass ihm die Arbeit mit Jugendlichen besonders am Herzen lag. Er begann, ehrenamtlich in einem Jugendzentrum zu arbeiten und stellte fest, dass ihn diese Tätigkeit erfüllte. Lukas erkannte, dass sein Beitrag zur Welt darin bestand, junge Menschen zu inspirieren und zu unterstützen.

Übung: Deinen Beitrag zur Welt entdecken

1. Frage dich: „Wie kann ich anderen Menschen helfen? Welche Talente und Fähigkeiten habe ich, die anderen nützlich sein könnten?"

2. Notiere dir Ideen, wie du deine Talente zum Wohl anderer einsetzen könntest, sei es durch ehrenamtliche Arbeit, kleine Gesten der Freundlichkeit oder ein Projekt, das dir am Herzen liegt.

3. Wähle eine konkrete Handlung aus und setze sie um.

Diese Übung hilft dir, deinen Beitrag zur Welt zu erkennen und Erfüllung im Dienst am Gemeinwohl zu finden.

Die eigene Mission leben – Schritte zur Erfüllung im Alltag

Unsere Mission zu leben bedeutet, jeden Tag bewusst zu gestalten und unsere Handlungen auf das auszurichten, was uns wirklich wichtig ist. Es geht darum, klare Schritte zu definieren und unser Leben so zu gestalten, dass es in Einklang mit unserer Mission steht. Wenn wir unsere Mission im Alltag leben, finden wir tiefe Erfüllung und erleben unser Leben als sinnvoll und wertvoll.

Eine Persönliche Geschichte: Die Mission im Alltag integrieren

Ein entscheidender Moment für mich war, als ich beschloss, meine Mission nicht nur in großen Entscheidungen zu leben, sondern in jedem kleinen Moment des Tages. Ich begann, mir täglich die Frage zu stellen, wie ich meine Mission durch kleine Handlungen und Worte zum Ausdruck bringen könnte. Ob es darum ging, jemanden zu ermutigen, geduldig zuzuhören oder kreative Ideen zu entwickeln – diese alltäglichen Momente halfen mir, meine Mission zu leben und Erfüllung in jedem Augenblick zu finden.

Übung: Die eigene Mission im Alltag leben

1. Frage dich jeden Morgen: „Was ist meine Mission, und wie kann ich sie heute in meinen Handlungen zum Ausdruck bringen?"

2. Notiere dir eine konkrete Handlung, die im Einklang mit deiner Mission steht und die du an diesem Tag umsetzen möchtest.

3. Am Abend reflektiere, wie sich diese Handlung auf deinen Tag und dein Gefühl der Erfüllung ausgewirkt hat.

Diese Übung hilft dir, deine Mission bewusst zu leben und sie in den Alltag zu integrieren.

Der Sinn des Lebens – Spiritualität und innere Erfüllung finden

Erfüllung und Lebenssinn sind eng mit der spirituellen Dimension unseres Daseins verbunden. Wenn wir uns als Teil eines größeren Ganzen verstehen und eine tiefe Verbundenheit mit allem Leben erfahren, finden wir eine Erfüllung, die weit über das Materielle hinausgeht. Diese spirituelle Erfüllung schenkt uns Frieden und die Gewissheit, dass unser Leben einen Sinn hat und wir unseren Platz im Universum gefunden haben.

Fallbeispiel: Spirituelle Erfüllung im täglichen Leben

Eine Klientin, Anna, suchte nach einem tieferen Sinn in ihrem Leben, fühlte sich jedoch oft verloren und unerfüllt. Gemeinsam arbeiteten wir daran, eine spirituelle Praxis zu entwickeln, die ihr half, sich mit einer höheren Kraft und ihrem inneren Selbst zu verbinden. Sie begann, jeden Tag mit einer Meditation zu starten und die Natur als Quelle der Verbundenheit zu erleben. Diese Praxis half ihr, eine tiefe innere Erfüllung zu finden, die unabhängig von äußeren Umständen war.

Übung: Spirituelle Erfüllung im Alltag finden

1. Nimm dir jeden Morgen fünf Minuten Zeit, um in Stille zu meditieren und dich auf dein Herz zu konzentrieren.

2. Frage dich: „Was ist der tiefere Sinn meines Lebens? Wie kann ich heute Erfüllung finden, unabhängig von äußeren Umständen?"

3. Achte auf das Gefühl der Verbundenheit und lasse diese innere Ruhe deinen Tag prägen.

Diese Übung hilft dir, eine spirituelle Erfüllung im Alltag zu finden und ein Leben in tiefer Zufriedenheit zu führen.

Schlussgedanken: Die Erfüllung einer Mission im Leben

Ein Leben in Erfüllung und mit einer Mission zu führen, bedeutet, im Einklang mit unserem wahren Selbst zu leben und unseren eigenen Beitrag zur Welt zu leisten. Wenn wir unseren Lebenssinn gefunden haben, können wir jeden Tag bewusst gestalten und die kleinen wie großen Momente des Lebens genießen. Möge dieses Kapitel dir helfen, deine Mission zu entdecken und ein erfülltes Leben zu führen, das dich und die Welt bereichert.

Kapitel 13: Abschluss und Danke
Ein Weg der Begegnungen und Inspirationen

Am Ende dieses Buches möchte ich einen Moment innehalten, um meine tiefste Dankbarkeit all den Menschen auszusprechen, die mich über die letzten drei Jahrzehnte auf meinem Weg als Therapeut, Life- und Businesscoach, Erfolgsprofitrainer sowie Mental- und Kausaltrainer begleitet und inspiriert haben. Doch bevor ich meinen wertvollen Patienten, Klienten und Seminarteilnehmern danke, möchte ich hier einem ganz besonderen Menschen danken – meinem Lebenslehrer, Ausbilder, Mentor und Freund Kurt Tepperwein.

Eine besondere Danksagung an Kurt Tepperwein – Lebenslehrer, Mentor und Freund:

Lieber Kurt, die Worte reichen kaum aus, um auszudrücken, was deine Weisheit, dein Wissen und dein Vertrauen in mich für meinen Lebensweg bedeutet haben. Von dir habe ich nicht nur unendlich viel über das Leben und die Prinzipien des Erfolgs gelernt, sondern auch über das Wesen des Menschseins und die Kraft des Geistes. Du hast mir gezeigt, dass wahre Meisterschaft nicht im Beherrschen äußerer Disziplinen liegt, sondern in der Kunst, sich selbst zu erkennen und ein Leben aus dem Bewusstsein herauszuführen.

Deine unermüdliche Bereitschaft, dein Wissen zu teilen, deine Weisheit und deine tiefe, unerschütterliche Ruhe haben in mir eine tiefe Resonanz gefunden. Du hast mir beigebracht, dass jeder Moment eine Gelegenheit zur Erkenntnis ist und dass in jedem von uns das Potenzial steckt, unser Leben bewusst und erfüllend zu gestalten. Dank deiner Führung habe ich die Lehren des Lebens in ihrer Tiefe verstanden und die Werkzeuge erhalten, um anderen auf ihrem Weg zur Heilung, Erkenntnis und Transformation zu helfen.

Von Schüler zu Lehrer: Eine Reise voller Erkenntnisse und Dankbarkeit

Als ich zum ersten Mal deinen Lehren begegnete, fühlte ich eine ungeahnte Tiefe und ein Wissen, das ich in meinem Innersten schon lange suchte. Ich war ein Lernender auf der Suche nach Antworten, und deine Worte haben mir den Weg gezeigt. Durch dich habe ich verstanden, was es bedeutet, nicht nur das Wissen zu vermitteln, sondern auch die Liebe zum Leben, die Akzeptanz der eigenen Stärken und Schwächen und die Weisheit, die wir alle in uns tragen.

Du hast nicht nur mein Lehrer, sondern auch mein Mentor und ein verlässlicher Freund auf diesem Weg der Erkenntnis und Entwicklung sein dürfen. Du hast mir beigebracht, den Menschen, die ich begleite, mit offenen Augen und einem offenen Herzen zu begegnen. Auch die Fähigkeit, mich selbst als Schüler des Lebens zu betrachten und die täglichen Lektionen zu schätzen, verdanke ich dir.

Dafür danke ich dir aus tiefstem Herzen. Deine Präsenz in meinem Leben hat nicht nur meine Arbeit als Coach und Trainer verändert, sondern mich auch als Mensch bereichert und inspiriert. Du hast mir gezeigt, wie man den Weg des Bewusstseins mit Hingabe, Mitgefühl und einer klaren Vision gehen kann.

Dank an meine Klienten, Patienten und Seminarteilnehmer –

Die Freude des gemeinsamen Wachstums

In meiner Arbeit als Therapeut, Coach und Trainer durfte ich Menschen begegnen, die durch ihr Vertrauen, ihre Offenheit und ihren Mut, sich selbst zu erkennen, nicht nur ihr eigenes Leben, sondern auch mein eigenes Sein bereichert haben. Mein tief empfundener Dank gilt allen Klienten, Patienten und Seminarteilnehmern, die sich auf diesen Weg eingelassen haben.

Jeder von Ihnen hat mir gezeigt, was es bedeutet, das Leben mit offenen Augen und einem mutigen Herzen zu betrachten. Sie haben mir gezeigt, wie bedeutsam es ist, den Menschen in seiner ganzen Einzigartigkeit zu sehen und anzunehmen. Ihre Geschichten und ihre Transformationen waren und sind die wertvollsten Erinnerungen, die ich mitnehmen durfte, und sie sind ein unendlicher Quell der Inspiration.

Sie alle haben mich dazu inspiriert, immer wieder neue Perspektiven zu entwickeln und mir die Freude und das Wunder vor Augen geführt, das in jeder Transformation liegt. Durch unsere gemeinsame Arbeit habe ich gelernt, dass wahres Wachstum und Heilung oft im Unsichtbaren beginnen, im Vertrauen darauf, dass jeder Mensch die Kraft zur Veränderung in sich trägt.

Dank an alle, die den Mut haben, zu wachsen und zu erkennen Neben meinen Klienten und Seminarteilnehmern möchte ich all jenen Menschen danken, die den Mut haben, sich selbst und ihr eigenes Leben als Reise der Selbsterkenntnis und Bewusstwerdung anzunehmen. Sie alle sind Teil der gemeinsamen Erfahrung, dass das Leben voller Möglichkeiten und Chancen zur Weiterentwicklung ist.

Es ist nicht immer leicht, den Weg des Wachstums zu gehen und alte Muster hinter sich zu lassen. Doch all die Begegnungen, die ich auf diesem Weg erleben durfte, haben mich gelehrt, dass jeder Schritt in Richtung Bewusstsein und Selbstverwirklichung wertvoll ist und uns dem eigenen Wesenskern näherbringt.

Ich danke Ihnen allen für das Vertrauen, das Sie mir entgegengebracht haben, und für den Mut, den Sie täglich aufbringen, um Ihr Leben in Fülle und Freude zu leben. Sie alle haben mir immer wieder gezeigt, dass der Weg zur Erkenntnis und zur Freiheit ein Weg voller Begegnungen und Möglichkeiten ist.

Ein Leben in Dankbarkeit und Wertschätzung
Die Reise geht weiter!

Abschließend möchte ich noch einmal betonen, dass die Reise der Erkenntnis niemals endet. Auch nach über 30 Jahren in der Praxis fühle ich mich weiterhin als Lernender, inspiriert und bereichert von den Menschen, die ich begleiten durfte und den wertvollen Lehren, die ich durch Menschen wie Kurt Tepperwein erfahren habe. Jeder Moment, den ich in dieser Arbeit erleben durfte, erfüllt mich mit einer tiefen Dankbarkeit und dem Wissen, dass die wertvollsten Lektionen im Herzen bewahrt werden.

Es ist mein Wunsch, dass dieses Buch Ihnen auf Ihrem eigenen Weg eine Quelle der Inspiration, der Ermutigung und des Mutes sein möge. Mögen Sie in sich die Kraft finden, Ihren eigenen Weg zur Erfüllung zu gehen und das Leben als die wundervolle und wertvolle Reise zu sehen, die es ist.

Mit tiefster Dankbarkeit für die vielen wertvollen Begegnungen und Erlebnisse und einer ganz besonderen Anerkennung für Kurt Tepperwein, der mir geholfen hat, die Essenz des Lebens zu verstehen und weiterzugeben, danke ich allen, die Teil dieses Weges gewesen sind und noch werden.

Diesen Abschluss möchte ich mit einem Zitat beenden, das mich immer wieder an die Bedeutung des bewussten Lebens erinnert:

"Es sind die Begegnungen mit Menschen und die Momente des Bewusstseins, die uns formen, uns bereichern und uns lehren, wie wertvoll und wunderschön das Leben ist."

Mit tief empfundener Dankbarkeit und Liebe,

Ihr / Dein

Chris Hohlstamm von Dehnen

Weitere Bücher von Chris Hohlstamm von Dehnen

Erhältlich unter: **www.lebensfreudeverlag.de**

 **Sie sind ein Glückspilz**

Der Ratgeber für eine grandios glückliche Lebenszeit!

14,90 €

 **Die 25 goldenen Glücksregeln**

... für ein Leben in Wohlstand, Reichtum und Harmonie!

17,90 €

 **Die Reise ins Licht**

Spirituelle Praktiken für kosmische Energie,

Selbstvertrauen ...   8,70 €

 **Wie Sie spielend Ihr Traumleben verwirklichen**

... und innerlich & äußerlich reich werden!

7,50 €

9 Schritte zu unerschütterlichem Selbstvertrauen

Steigere Dein Selbstbewusstsein, Deine Energy und Kraft, ..

14,90 €

7 Methoden, um dich von negativen Energien zu befreien

11,11 €

Erfolg ist D/eine Entscheidung

Erfolg ist kein Zufall! Er ist das Ergebnis bewusster

Entscheidungen.   19,70 €

Erste Hilfe für die Partnerschaft

Entdeckt 32 praktische Tipps für mehr Harmonie ...

12,70 €

Engel-Kontakt

Haben Sie schon mal einen Engel gesehen?

16,90 €